AF545762

DAS GRENZENLOSE MINDSET

BEN KLARSTEIN

WIE SIE DAS POTENTIAL IHRES MINDSETS VOLL AUSSCHÖPFEN, IHRE DENKWEISE AUF EIN NEUES LEVEL HEBEN UND ANDEREN MENSCHEN IMMER EINEN SCHRITT VORAUS SIND (INKL. ÜBUNGEN & WORKBOOK)

INHALT

Einführung

Jeder Mensch wünscht sich sicher, dass alle Träume und Vorstellungen vom Leben in Erfüllung gehen. Halten Sie es tatsächlich für möglich, dass die Art des eigenen Mindsets darüber entscheidet, ob sich Ihre Visionen und Träume auch verwirklichen lassen? Sie haben sich sicher auch schon oft gefragt, warum viele Dinge manchen Menschen einfach so gelingen, ohne dass diese viel dafür zu tun scheinen.

Das Glück scheint einfach immer an der Seite dieser Menschen zu sein und Misserfolg ist diesen Menschen offenbar fremd. Anstatt zu resignieren, sollten Sie sich bewusst machen, dass nur Sie sich selbst aus diesem Hamsterrad befreien können. Sie selbst müssen lernen, Ihr Mindset zu stärken und sich Ihrer eigenen Ressourcen bewusst werden.

Viele Menschen glauben, dass äußere Umstände vornehmlich dazu beitragen, wie das eigene Leben verläuft. In diesem Buch werden Sie erfahren, dass Sie selbst darüber entscheiden, wie Ihr eigenes Leben verläuft. Sie allein schaffen die Voraussetzungen dazu. Sie schmieden also - wie man so schön sprichwörtlich sagt - Ihr eigenes Glück und schaffen dabei Ihre eigene Realität. Wenn Sie die richtige Einstellung haben, können Sie es schaffen, Glück, Liebe, Zufriedenheit und Erfolg wie ein Magnet an sich zu ziehen. Da Sie dafür nicht viel brauchen, kann jeder mit ein wenig Übung sein eigenes positives und kraftvolles Mindset erschaffen. So schafft man die Basis für ein erfülltes Leben.

Dieses Buch soll Ihnen dabei helfen, Ihr Mindset auf Erfolg zu programmieren. Sie erfahren, wie Sie das richtige Mindset entwickeln und worauf genau es dabei ankommt. Auch erfahren Sie, wie Selbstbewusstsein, eigene Ziele, Glück, positives Denken, Motivation und Selbstdisziplin dazu beitragen und Sie erfolgreicher machen können. Ein positives Mindset schafft natürlich niemand von heute auf morgen, es bedarf einiger Arbeit. Aber in diesem Buch lernen Sie Schritt für Schritt und durch viele praktische Tipps und Übungen, Ihr Mindset zu stärken. Sie werden merken, dass dies jeder lernen kann, auch noch im höheren Alter. Durch Ihr neues Mindset werden Sie die Welt mit anderen Augen sehen. Sie werden nach und nach lernen, Ihre eigenen Wünsche zu verwirklichen.

Dieses Buch wird Sie dabei begleiten und hoffentlich ein guter Helfer sein. Sind Sie bereit, Ihr neues Leben zu starten und so Ihre Lebensqualität deutlich zu verbessern? Dann legen Sie los!

Das Mindset

Man kennt in der Regel zwei Arten von einem Mindset. Es gibt zum einen ein sogenanntes dynamisches Mindset, das Ihren Erfolg in der Regel begünstigen wird (das „gute Mindset"). Zum anderen kennt man aber auch ein starres Mindset, das Sie daran hindert, selbst gesteckte Ziele zu erreichen (das „schlechte Mindset"). Falls Sie merken, dass Sie eher ein starres Mindset haben, dann sollten Sie dies ändern, wenn Sie tatsächlich Erfolg haben wollen. Verfolgen Sie daher Ihr Ziel konsequent und versuchen Sie, ein dynamisches Mindset zu entwickeln.

Bei einem starren Mindset

- können Sie nicht gut mit Niederlagen umgehen.
- versuchen Sie, Niederlagen zu verbergen.
- vermeiden Sie es, Herausforderungen anzunehmen.
- halten Sie sich für unbegabt.
- reden Sie nur von Misserfolgen oder negativen Erlebnissen.

Kommt Ihnen das bekannt vor?

Bei einem dynamischen Mindset hingegen

- mögen Sie Herausforderungen.
- sehen Sie Fehler als persönliche Chance, sich zu verbessern und daraus zu lernen.
- kennen Sie Ihre Schwächen und arbeiten daran, diese zu verbessern.
- wissen Sie, dass nichts von allein kommt und dass Sie sich anstrengen müssen, um Ihre Ziele zu erreichen.

Wie Ihr Mindset dynamisch wird, sollen Sie in diesem Buch erfahren. Zuerst einmal ist es aber wichtig, den Begriff des Mindsets zu verstehen.

WAS IST EIN MINDSET?

Wer in seinem Leben erfolgreicher und glücklicher sein möchte, kommt nicht an dem Begriff des „Mindsets“ vorbei. Sicher haben Sie den Begriff schon einmal gehört. Vielleicht haben Sie sich sogar schon damit beschäftigt. **Aber was versteht man eigentlich unter einem „Mindset“?** Hier erfahren Sie es:

Der Begriff des Mindsets kommt aus dem Englischen und ist zusammengesetzt aus den Worten „mind“ (Engl. für Verstand, Geist, Gedanken) und „set“ (Engl. für Zusammenstellung oder Garnitur). Ein Mindset kann somit also etwa als „Zusammenstellung des Geistes“ verstanden werden bzw. als eine „Gedankengarnitur“. Falls Sie sich darunter nichts vorstellen können, dann können Sie unter einem Mindset auch die Art und Weise verstehen, wie Sie sich selbst und die Welt verstehen.

Andere Begriffe für das Wort „Mindset“ können somit auch

- die eigene Denkweise
- die Haltung
- die Mentalität oder
- die persönliche Weltanschauung sein.

Ein Mindset - oder eben die Haltung, Mentalität bzw. Weltanschauung - entsteht und entwickelt sich aus all den Erfahrungen, die ein Mensch im Laufe seines Lebens gemacht hat. Je nachdem, ob diese Erfahrungen überwiegend positiv oder negativ waren, entwickelt dann jeder Mensch sein eigenes, persönliches Mindset.

Bestimmt kennen Sie dies auch aus Ihrem eigenen Umfeld, dass Menschen auf unterschiedliche Arten über sich und die Welt nachdenken und dieser dann ganz verschiedenartig begegnen können. Man kann dies auch äußerlich sehen, wenn man schaut, wie Menschen ihr Leben gestalten. Da muss man heute nur auf die verschiedenen Social-Media-Kanäle blicken, um schon einiges zu erkennen. Während eine Person beispielsweise eher vorsichtig und kritisch ist, ist eine andere Person sehr ehrgeizig oder sozial engagiert. Sicher fallen Ihnen hier einige Beispiele von Menschen aus Ihrem privaten Umfeld ein. In der Regel stehen Menschen ständig und jeden Tag mit anderen Menschen in Kontakt und werden so mit unterschiedlichen Weltanschauungen, Haltungen oder Denkweisen konfrontiert. Bestimmt haben Sie sich auch schon über Haltungen, Denkweisen oder Einstellungen anderer Menschen gewundert und konnten diese nicht nachvollziehen. Manchmal haben Sie sich vielleicht sogar darüber geärgert. Bei einem Streit könnte man somit sagen, dass die beiden Mindsets von Ihnen und der anderen Person nicht übereinstimmen.

Es gibt allerdings auch ein ganz anderes Phänomen, das Sie sicher auch kennen. Manchmal kennen wir oder hören von Menschen, die uns durch Ihre Haltungen, Denkweisen oder Taten beeindrucken und uns dabei oft sogar inspirieren. Vielleicht bewundern Sie im Stillen Ihren Arbeitskollegen oder Ihre Arbeitskollegin, die auch in stressigen Situationen immer einen ruhigen Kopf behält oder Ihre Bekannte, die scheinbar nichts aus der Ruhe bringen kann. Vielleicht kennen Sie auch sehr ehrgeizige, erfolgreiche oder zufriedene Menschen, die Sie inspirieren, oder Sie erleben im Bekanntenkreis eine Partnerschaft, wie Sie diese auch gern führen würden. Dann fragen Sie sich bestimmt: Wie schaffen es diese Menschen, dies zu erreichen, wohingegen Ihnen dies schwerfällt und es Ihnen nicht gelingt, mit bestimmten Situationen richtig umzugehen?

Bestimmt ahnen Sie nun schon die Antwort darauf: Der Schlüssel liegt in Ihrem Mindset. Hier gibt es aber eine gute Nachricht, denn das Mindset ist nicht in Stein gemeißelt und kann daher von Ihnen gezielt verändert werden. Sie können es in die von Ihnen gewünschte Richtung lenken. Das Mindset kann verändert werden! Es kann sich weiterentwickeln und Ihnen somit langfristig das Leben ermöglichen, dass Sie sich wünschen. Im weiteren Verlauf dieses Buches werden Sie lernen, was Sie tun müssen, um Ihr eigenes, dynamisches und unendliches Mindset erschließen zu können.

WIE KANN DAS MINDSET UNENDLICH SEIN?

Wie Sie in diesem Buch hier schon erfahren konnten, erfährt und begreift jeder Mensch die Welt auf seine eigene, persönliche Art und Weise. Jeder Mensch bildet sich im Laufe des Lebens sein eigenes Mindset, in dem alle Erfahrungen mit seiner eigenen Umwelt einfließen. Wenn Sie darüber nachdenken, werden Sie sicher erkennen, dass auch Sie im Laufe Ihres Lebens schlechte Erfahrungen gemacht haben. Das kann sowohl im Berufsleben als auch im Privatleben geschehen sein und hat Sie mit Sicherheit auch geprägt.

Es ist vollkommen normal, dass jeder Mensch in seinem Leben auch einmal Enttäuschungen und Verletzungen erfährt. Es ist möglich und sogar wahrscheinlich, dass sich dies nun auch auf Ihr heutiges Leben auswirkt, indem Ihr Mindset, Ihre persönliche Denkweise dadurch geprägt wird.

Ein **Beispiel** wären beispielsweise **schulische Leistungen**:

Wer als Kind in der Schule oft keine guten Noten bekommen hat, wird im Erwachsenenalter auch ein entsprechendes Mindset entwickeln und Sorge haben, auch im Berufsleben die Aufgaben nicht gut genug zu meistern. Diese Menschen setzen sich vielleicht gar keine beruflichen Ziele, weil sie befürchten, dass sie diese gar nicht erreichen können.

Wer als Kind wenig Liebe erfahren hat, könnte durch das so entwickelte Mindset auch daran gehindert werden, liebevolle Beziehungen und Kontakte zu entwickeln und sich von anderen Menschen zurückziehen.

Da aber jeder Mensch Liebe braucht, könnten diese Menschen einen unheimlichen Leidensdruck entwickeln, an dem sie vielleicht sogar zerbrechen, und das zu kann einem Burn-out führen. Selbstverständlich können wir unsere Vergangenheit nicht ändern und werden immer mit den Erfahrungen leben müssen, die wir gemacht haben. Ändern können wir aber die Art und Weise, wie wir diese Erlebnisse bewerten und letztendlich auch verarbeiten.

Wenn wir verstehen wollen, wie ein Mindset schließlich entsteht, müssen wir aber noch einen Schritt weitergehen. Menschen können dieselbe Situation ganz individuell wahrnehmen und mit ihr auch vollkommen unterschiedlich umgehen. Denken wir noch mal an den schon erwähnten Kollegen, den offensichtlich nichts aus der Ruhe bringen kann und der, wie es scheint, vollkommen resistent gegen Stress ist. Gehen wir mal davon aus, dass dieser imaginäre Kollege in seinem Leben Erfahrungen gemacht hat, die sein Mindset so geprägt haben, dass ihn kaum etwas aus der Ruhe bringen kann. Vielleicht hat er auch schon Erfahrungen gemacht, wie trotz widriger Umstände die eigenen Ziele erreicht und verwirklicht werden können. Oder er vertraut - bedingt durch seine bisherigen Erfahrungen - sehr auf seine eigene Kompetenz.

In allen Fällen kann man aber davon ausgehen, dass die Situation von diesem imaginären Kollegen nicht als besonders bedrohlich eingestuft wird, sodass dieser gelassen damit umgehen kann. (Das gilt natürlich auch für Kolleginnen.)

Wichtig und entscheidend ist hier die Art und Weise, wie wir Erlebnisse und Situationen bewerten. Dies entscheidet schließlich darüber, wie wir die einzelnen Situationen bewerten und verarbeiten.

Lassen Sie den Satz ruhig öfter auf sich wirken, denn er ist der Schlüssel für ein erfolgreiches, unendliches Mindset. Um es noch einmal zu sagen: Ihr eigenes Mindset bestimmt allein, wie Sie selbst Ihr Leben begreifen und dann auch gestalten. Ihr eigenes, individuelles Mindset setzt sich zusammen aus all Ihren Erfahrungen und Erlebnissen, die Sie in Ihrem bisherigen Leben gemacht haben. Sie nehmen jedoch alle Wahrnehmungen und Interpretationen aller gegenwärtigen und zukünftigen Situationen durch Ihre eigene, individuelle Mindset-Brille wahr. Stellen Sie sich dies hier als eine Art Filter vor, durch den nur Reize gelassen werden, die in Ihr persönliches Schema passen. Informationen, die nicht diesem Thema entsprechen, werden erst gar nicht wahrgenommen und rauschen einfach an Ihnen vorbei.

Aber was heißt das nun für Sie und Ihr Mindset? Es bedeutet, dass Sie lernen können, über den Tellerrand zu schauen und Ihre individuelle Mindset-Brille gezielt einzustellen und fokussieren zu können. Und zwar so, dass Sie auch die Informationen und Reize wahrnehmen, die sonst an Ihnen vorbeigehen würden. Wir sind unserer Mindset-Wahrnehmung nämlich nicht so hilflos ausgeliefert, wie man denken mag, und wir können lernen, unsere Vergangenheit als Teil von uns zu akzeptieren. Mehr noch, wir können daraus sogar lernen und es in Zukunft anders und besser machen. Auch negative Erfahrungen sind somit Chancen und bereichern uns. Wir können uns immer aussuchen, wie wir uns selbst und unsere Erfahrungen bewerten. Wir können uns gezielt darauf fokussieren, Situationen positiv aufzunehmen und optimistisch zu sein. Die geht nicht sofort, sondern erfordert etwas Übung. Zudem muss man seine eigene bestehende Mindset-Programmierung erst einmal gründlich überprüfen.

Zuerst müssen Sie Ihre eigenen Muster, Ihre persönliche Programmierung erkennen. Erst, wenn Sie dies erkannt haben, sehen Sie, an welchen Stellen Sie durch diese ausgebremst werden. Haben Sie dies erkannt, können Sie Ihren Fokus verschieben. Erst dann sind Sie in der Lage, Ihre Mindset-Brille so zu verändern, wie Sie es sich wünschen.

Um dies zu verdeutlichen, schauen wir uns noch einmal das Beispiel zum Umgang mit Stress an: Nehmen wir einmal an, dass Sie selbst erkannt haben, dass Sie sich durch Stress leicht aus der Ruhe bringen lassen. Dann analysieren Sie Ihr vorhandenes Mindset und überlegen Sie, wodurch der

Stress bei Ihnen ausgelöst wird und welche Muster aktiviert werden. Vielleicht kommen Sie darauf, dass Sie es tief verinnerlicht haben, dass Sie die Erwartungen anderer Menschen nicht enttäuschen dürfen. Oder Sie bemerken, dass Sie sich aufgrund Ihrer Erfahrungen manche Dinge gar nicht zutrauen. Das löst übrigens sehr oft Stress bei Menschen aus, wenn Sie eine Diskrepanz zwischen den an sie gestellten Erwartungen und den zu bewältigenden Aufgaben wahrnehmen. Bei vielen Menschen führt dies in der Regel dann zu Stress.

Wenn es Ihnen nun gelungen ist, die Programmierung Ihres Mindsets zu finden, die bei Ihnen zu Stress führt, dann können Sie diese überschreiben oder löschen. Beispielsweise könnten Sie feststellen, dass Sie aufgrund Ihrer bisherigen Erfahrungen an Ihrer eigenen Kompetenz zweifeln. Dann können Sie gezielt Ihr Selbstvertrauen stärken und daran arbeiten und sich auf Ihre Erfolge und Stärken konzentrieren. Richten Sie Ihren Blick dann nach vorn und sagen Sie sich immer wieder, dass Sie es können. Selbstbewusste und selbstsichere Menschen glauben an sich und ihre Ziele, wodurch sich ihnen oft neue Lösungswege erschließen, die sie sonst nicht erkannt hätten. Auch senden diese Menschen an ihre Kontaktpersonen und ihr Umfeld ganz andere Signale aus und tragen so dazu bei, dass andere Menschen gern mit ihnen zusammenarbeiten. Wer möchte schon mit einem Miesepeter zusammenarbeiten?

Sicher haben Sie auch schon einmal das Sprichwort gehört *„Wie man in den Wald hineinruft, so schallt es auch hinaus.“* Hier sieht man es deutlich: Wenn man selbst unsicher ist und anderen mit schlechter Laune begegnet, kann man nicht erwarten, dass andere Menschen einem anders begegnen. Manchmal hilft es auch, dies in kleinen Zetteln an einen Ort (Pinnwand, Kühlschrank) zu heften, an dem Sie jeden Tag vorbeigehen.

Vielleicht merken Sie dann auch, wie schwer es ist, bei sich selbst zu bleiben und sich von den Erwartungen der Außenwelt abzugrenzen. Vielleicht helfen Ihnen auch Entspannungstechniken, sich mehr auf sich selbst zu konzentrieren und sich selbst besser kennenzulernen. Es lohnt sich auf jeden Fall, hier gelassener zu werden und so Situationen besser zu überschauen. Sie werden merken, wie schnell ein erweiterter Fokus Ihnen neue Lösungsmöglichkeit aufzeigt.

Dies alles zeigt, dass wir Menschen lernfähig sind. Wir haben die Möglichkeit und vor allem die Fähigkeit, immer wieder Neues zu erlernen. Wir haben unser eigenes Schicksal selbst in der Hand und können aus dem Hamsterrad der Versagensängste herauskommen, so banal dies auch klingt. Dessen sollten wir uns immer bewusst sein. Daher schaffen wir es auch, unser Mindset immer wieder umzuprogrammieren und weiterzuentwickeln. Dies lässt sich auf alle denkbaren Lebenssituationen und Verhaltensmuster übertragen. Welche Rückschlüsse ziehen Sie nun aus diesem Wissen und merken Sie, dass Sie Ihr Gehirn in neue Denk-Bahnen lenken können?

Überlegen wir uns nun einmal, welche Rolle unser Gehirn für das Mindset spielt.

Was in unserem Gehirn geschieht

Man sagt, dass jeder Mensch am Tag ungefähr 6200 Gedanken verarbeitet. Dies ging aus einer Studie von Forschern der Queens Universität hervor. Das ist natürlich eine ganze Menge, und wir sind eigentlich den ganzen Tag über mit Denken beschäftigt. Wir denken über viele Dinge nach, von der einfachen Einkaufsliste bis hin zu den Gedanken für ein Gespräch mit dem Chef.

Aber was bedeutet das Denken eigentlich?

In erster Linie bedeutet Denken Informationsverarbeitung, Erkenntnisgewinnung und vor allem Problemlösung. Der Bereich der Problemlösung hat hier besonderes Gewicht. Jeder Mensch kann denken. Diese Eigenschaft macht uns Menschen aus und unterscheidet uns auch von anderen Säugern. Sie ist je nach Person unterschiedlich ausgeprägt, aber wir können sie gezielt trainieren und fördern.

Sie sehen: Verschiedene Denkprozesse in unserem Gehirn unterstützen uns dabei, die Informationen, die täglich auf uns einströmen, zu verarbeiten, neue Ideen zu entwickeln und Probleme zu lösen. Sie müssen sich vorstellen, dass wir jeden Tag Millionen von Reizen ausgesetzt sind, die unser Gehirn alle einordnen muss. Und jeden Tag haben wir hunderte von Situationen, die eine Reaktion oder eine Handlung von uns erfordern. So müssen wir uns beispielsweise im Straßenverkehr immer neu an die aktuelle Situation anpassen:

Es kann **beispielsweise** sein, dass wir morgens den Bus zur Arbeit bekommen müssen. Die Ampel ist jedoch rot und wir bemerken, dass wir schon viel zu spät dran sind. Also beschleunigen wir unser Tempo, sobald die Ampel auf Grün überspringt, um den Bus dann doch noch bekommen zu können.

So eine vermeintlich banale Situation zeigt uns, was unser Gehirn den ganzen Tag über leisten, sortieren und herausfiltern muss. Nur so kann es uns auf Probleme oder Hindernisse (wie beispielsweise die rote Ampel) aufmerksam machen und dafür sorgen, Lösungen dafür zu finden (z. B. dem Radfahrer auszuweichen.). Die Leistung unseres Gehirns ist also tatsächlich ziemlich beeindruckend und kann mit den richtigen Techniken noch gut verbessert werden.

Verschiedene Arten von Denkweisen

In diesem Buch haben wir schon festgestellt, dass es ganz unterschiedliche Arten geben kann, sich selbst und die Umwelt zu begreifen. Das heißt, dass es viele unterschiedliche Arten gibt, über sich selbst und die Umwelt nachzudenken. Das eigene Selbstkonzept und persönliche Erfahrungen spielen da sicher eine recht große Rolle, aber auch externe Faktoren beeinflussen unsere Sichtweise auf die Welt. Jeder Mensch schaut hier durch seine ganz besondere Mindset-Brille. Weil wir Menschen so vielfältig sind - und das ist auch gut so - sind auch unsere Denkweisen ganz unterschiedlich. Es ist daher recht schwer, Denkweisen eindeutig zu konkretisieren. Dieses Buch hat zum Ziel, sich auf die Entwicklung des eigenen kraftvollen Mindsets zu konzentrieren. Dazu muss man sich bewusst machen, welche unterschiedlichen Denkweisen bzw. Denkansätze möglich sind. Dieses Wissen können Sie dann dazu nutzen, Ihre eigene, persönliche Mindset-Brille auf Ihre Ausrichtung zu überprüfen. Schließlich sollten Sie Ihre Gedanken so fokussieren können, dass Sie genau das Leben führen können, dass Sie sich immer gewünscht haben. **Denken Sie zuerst einmal an die verschiedenen Denkweisen. Hier gibt es grob zwei verschiedene Richtungen.**

Einmal die

- **positive Denkweise**

oder die

- **negative Denkweise.**

Das bedeutet, dass Menschen tendenziell eher dazu neigen, ihre Umgebung entweder hoffnungsvoll-positiv oder kritisch-negativ wahrzunehmen. Schauen Sie sich einmal in Ihrem eigenen Freundes- und Bekanntenkreis um: Von welchen Menschen sind Sie dort besonders umgeben? Kennen Sie vor allem Menschen, bei denen das „Glas halb leer ist" und die eher zu Misstrauen, Mutlosigkeit und Unzufriedenheit neigen?

Oder gibt es in Ihrem Bekanntenkreis mehr Menschen, die wohlwollend und optimistisch eingestellt sind und ihr Leben bewusst gestalten? Wie verhalten Sie sich hier selbst? Denken Sie eher positiv und versuchen Sie, wirklich jede Chance zu nutzen, die sich Ihnen bietet?

Oder lassen Sie sich leicht von Ihren Zielen abbringen und entmutigen, wenn es mal Hindernisse oder Sorgen gibt? Nehmen Sie sich hier gern ein Beispiel von den Menschen aus Ihrer Umgebung? Wenn Sie eher negativ denken, brauchen Sie sich nicht zu schämen, schließlich haben Sie den Schlüssel zu Ihrem Erfolg schon in der Hand: Die eigene Denkweise ändern!

Analysieren Sie dazu Ihre bisherigen Denkmuster und programmieren Sie diese Schritt für Schritt um. Das geht nicht von einem Tag auf den anderen und Sie werden wahrscheinlich auf Ihrem Weg auch Rückschläge erleben, aber es lohnt sich auf jeden Fall.

Dieses Buch soll Ihnen dabei helfen, Ihr Mindset zu kräftigen und Schritt für Schritt umzugestalten. Machen Sie sich als ersten Schritt klar: Viele Faktoren beeinflussen unsere Denkweise und wie wir Dinge sehen. Wenn Sie herausgefunden haben, um welche es sich handelt, können Sie mit diesem Wissen daran arbeiten, die eigene Denkweise positiv zu beeinflussen. Wir können Geschehenes nicht ändern, aber es mit anderen Augen betrachten. Schauen wir nun im nächsten Abschnitt erst einmal auf die wesentlichen Einflussfaktoren.

Was unsere Denkweise beeinflusst

Es gibt viele unterschiedliche Faktoren, die unsere Denkweise nachhaltig beeinflussen. Hier soll erst einmal auf die wesentlichen Faktoren eingegangen werden.

Stress

Wir sollten die Wirkung von Stress auf unsere Denkweise nicht unterschätzen. Gerade in der heutigen, leistungsorientierten Gesellschaft ist Stress quasi vorprogrammiert. Unser Alltag wird immer stressiger, sei es im Privatleben oder im Berufsalltag. Moderne Medien und Kommunikationsmöglichkeiten erwecken bei vielen Menschen den Eindruck, immer und ständig erreichbar sein zu müssen. Wir haben einen vollen Terminkalender, den wir kaum einhalten können, wenn wir alle Dinge selbst und persönlich erledigen wollen.

Dies lässt uns nicht nur mehr Erwartungen - sowohl an andere als auch an uns selbst - haben, sondern wir laufen auch Gefahr, uns in all unseren Erwartungen von außen und Terminen selbst zu verlieren und ein gutes

Zeitmanagement (z. B. nur wichtige und eilige Sachen selbst erledigen, Unwichtiges und nicht eilige Dinge an andere delegieren usw.) zu vernachlässigen.

Im Stress ist unser Gehirn im Zustand einer Dauerbeschallung. Es muss nicht nur alle Reize aufnehmen, die von außen auf es einströmen, sondern dazu auch noch recht komplexe Probleme lösen. Ständig läuft das Gedankenkarussell auf Hochtouren. Schließlich fällt es uns immer schwerer, auch nach Feierabend abzuschalten und einmal richtig zu entspannen. Dazu kommt noch gravierend, dass wir uns immer schwerer damit tun, positive Gedanken an den Tag zu legen, denn wir fühlen uns leer, übermüdet und überarbeitet. Bestimmt kennen Sie dieses Gefühl auch schon von sich selbst.

Um eine positive Perspektive zu bekommen, ist es daher unerlässlich, Strategien zur Minderung des Stresses zu entwickeln, das können beispielsweise regelmäßige Auszeiten zum Auftanken sein. Auch das Erlernen von Entspannungstechniken (z. B. bewusste Atmung, Yoga, Meditation oder progressive Muskelentspannung) können dabei helfen, den Stress zu mindern.

Emotionen

Unser Gefühlszustand beeinflusst unsere Denkweise wie kaum etwas anderes. Wenn wir uns schlecht, krank, traurig, müde oder ärgerlich fühlen, fällt es uns besonders schwer, etwas Positives an der Situation zu sehen. Diese Erfahrung haben Sie sicher selbst auch schon gemacht. Es ist dann besonders schwierig, uns auf eine Lösung unseres Problems zu konzentrieren und einen Weg aus unserer Krise zu finden.

Nehmen wir einmal an, dass Ihr Partner Sie verlässt. Sicher werden Sie dann traurig sein und sich minderwertig fühlen. Vielleicht hat Ihr ehemaliger Partner auch schon eine andere Person kennengelernt, die vermeintlich besser ist als Sie. In dieser Zeit wird es Ihnen schwerfallen, Ihren Fokus auf positive Aspekte und Ihre eigenen Stärken zu richten. Sie werden vielmehr vermehrt an Situationen denken, in denen Sie zurückgewiesen oder abgelehnt wurden. Unser Gehirn ist auf diese Weise strukturiert. Wenn wir bedrückt und traurig sind, reaktiviert unser Gehirn vermehrt Erinnerungen, bei denen wir uns selbst so gefühlt haben. In diesem Zustand ist der Zugriff auf positive Erlebnisse und Selbstwahrnehmung erheblich erschwert.

Hier gibt es aber auch eine gute Nachricht: Das Ganze funktioniert auch andersherum. Wenn Sie beispielsweise frisch verliebt sind oder Sie gerade eine besondere Auszeichnung erhalten haben, werden Sie sich selbst und die Welt um sich herum natürlich leichter positiv wahrnehmen können. Sie sehen die Welt dann durch die sprichwörtliche „rosarote Brille“. Kommt Ihnen das bekannt vor? In diesem Zustand meint man, alles zu können, alles ist wunderbar und jegliche Arten von Sorgen und Leid treten in den Hintergrund.

Nun ist es natürlich so, dass wir im Leben nicht nur lustige, schöne und erfreuliche Erlebnisse haben. Wir schweben nicht immer auf Wolken und müssen oft auch mit Niederlagen umgeben. Schön wäre es sicher, aber es entspricht einfach nicht der Realität, und Niederlagen gehören nun auch mal genauso zu unserem Leben wie Höhenflüge. Das Ziel soll hier nicht sein, diese negativen Gefühle nicht mehr zu haben und keine negativen Erfahrungen zu machen, denn auch aus diesen kann man lernen, und wenn man diese ständig unterdrückt, kann dies auch dazu führen, dass man krank wird.

Sie selbst können aber bestimmen, wie lange Sie in die Welt der negativen Gedanken eintauchen wollen, denn Sie wissen ja nun, dass es Ihnen im negativen Gefühlszustand schwerer fällt, positiv von sich zu denken und hoffnungsvoll in die Zukunft zu schauen. Und Sie wissen jetzt, dass es Ihnen leichter fallen wird, Probleme zu lösen und Krisen zu meistern, wenn es Ihnen wieder besser geht. Dieses Wissen können Sie nun also dazu nutzen, um bewusst wieder aus Ihren seelischen Tiefs herauszufinden. Die Wolken in Ihrem Kopf ziehen dann automatisch wieder zur Seite. Hier gibt es einige Möglichkeiten, wie etwa gezielt Glücksgefühle in sich selbst auszulösen und sich immer wieder die eigenen Stärken und Ressourcen in Erinnerung zu rufen (z. B. durch Notizzettel, bewusste Auszeiten etc.).

Glücksgefühle

Wenn wir Glücksgefühle haben, färbt dies unsere Denkweise positiv ein. Wir nehmen dann unsere Umwelt positiver wahr und blicken mutiger und hoffnungsvoller in unsere Zukunft. Was liegt also näher, als Glücksgefühle bewusst hervorzurufen, um damit unser Mindset zu beeinflussen? Genau: Nichts steht dem entgegen! Die Frage ist hier aber, ob Sie es schaffen, bewusst Glücksgefühle bei sich hervorzurufen. Das klappt vielleicht gerade noch, wenn Sie frisch verliebt sind, aber sonst eher nicht so leicht. Hierzu muss man wissen, was Glücksgefühle eigentlich sind und was sie in unserem Körper bewirken.

Bestimmte Hormone und Botenstoffe sorgen in unserem Körper dafür, dass wir Glück empfinden. Unser Körper schüttet sie in verschiedenen Situationen aus. Sind wir zum Beispiel gerade frisch verliebt, schüttet unser Körper viel Oxytocin aus. Dieses Hormon macht glücklich und sorgt zudem dafür, dass unser Bedürfnis, sich zu binden, verstärkt wird. Serotonin und Dopamin sind andere Glückshormone des menschlichen Körpers.

Wir können die Ausschüttung dieser Hormone gezielt herbeirufen, wenn wir uns nicht gerade selbst in einem seelischen Hoch befinden:

- **Wenn wir Sport treiben, schüttet der menschliche Körper viele Hormone aus, die uns glücklich machen.** Dazu gehören unter anderem Dopamin und Serotonin. Wenn Sie also Glücksgefühle heraufbeschwören wollen, treiben Sie Sport. Gehen Sie joggen, fahren Sie eine Runde mit dem Rad oder gehen Sie in ein Fitnessstudio. Selbst ein Herumtanzen in der eigenen Wohnung kann hier wahre Wunder bewirken. Ihr Körper wird nicht nur Glückshormone herstellen, sondern auch Stress abbauen. Wenn Sie nicht so viel Zeit haben oder nicht wirklich eine Sportskanone sind, tut es auch ein Spaziergang im Freien.

- **Verschaffen Sie sich selbst Glücksgefühle, indem Sie sich zum Lachen bringen.** Für Sie klingt das verrückt? Nein, ist es auf keinen Fall! Wenn Sie lachen, schüttet Ihr Körper auch vermehrt Serotonin und Dopamin aus. Warum sollten Sie dies also nicht nutzen, um dem eigenen Glück etwas auf die Sprünge zu helfen? Schauen Sie einfach mal eine witzige Serie oder seien Sie einmal richtig albern, wenn Sie es können. Es gibt sogar Lachyoga-Kurse! Hier werden die Teilnehmer zum Lachen und auf diese Art zu ihrer aufrichtigen Freude geführt. Wenn Sie die Gelegenheit bekommen, probieren Sie es ruhig einmal aus. Wenn es keinen Kurs in der Nähe gibt, gibt es vielleicht einen Menschen Ihres Vertrauens, bei dem Sie einmal loslassen können.

- **Ernähren Sie sich richtig, denn bestimmte Lebensmittel erhöhen auch den Gehalt an Serotonin im Körper.** Zu den Lebensmitteln, die Serotoninausschüttung fördern, zählen beispielsweise Fisch, aber auch andere kohlenhydratreiche und eiweißarme Lebensmittel. So fördern auch viele Getreideprodukte, Hülsenfrüchte und Fleisch in Maßen die Ausschüttung des Glückshormons im Körper. Weitere Tipps zur energiespendenden und ausgewogenen Ernährung gibt es noch im Lauf des Buches.

- **Körperliche Nähe setzt im Körper auch Oxytocin frei und führt so zu einem Glücksgefühl.** Wenn Sie einen Partner haben, gönnen Sie sich einfach mal eine Kuscheleinheit. Wenn Sie keinen Partner haben, können Sie auch öfter mal einen Freund umarmen oder ein Haustier streicheln. Das hat einen ähnlichen Effekt.

Was nun genau für ein unendliches Mindset gebraucht wird

Wenn Sie dieses Buch bis hierher gelesen haben, wissen Sie eigentlich schon alles, was Sie für ein unendliches Mindset benötigen. Ihr Mindset wird durch diese Dinge erweitert:

- Die Analyse Ihrer bisherigen Denkweise: Wenn Sie Ihr Mindset ins Unendliche entwickeln wollen, dann müssen Sie sich erst einmal bewusst werden, wie Sie sich und Ihre Umwelt aktuell wahrnehmen. Sind Sie eher jemand, der positiv denkt und für den das Glas halb voll ist, oder eher ein Mensch mit negativen Gedanken, der das Glas halb leer sieht? Wie denken die Menschen um Sie herum, welche Ideale und Ziele haben diese Menschen?

Welche Erfahrungen haben Sie geprägt und Sie in Ihrer Sicht auf Dinge beeinflusst?

All diese Fragen können Ihnen dabei helfen, sich Ihre persönliche Denkweise bewusst zu machen. Hier sollten Sie aber bedenken, dass Sie Ihre Denkweise nicht beibehalten müssen. Diese ist nicht in Stein gemeißelt, Sie können sie selbst aktiv verändern. Sobald Sie sich Ihrer eigenen Denkweise bewusst sind, können Sie sich dann auf Ihre Ziele konzentrieren und diese verfolgen.

• Die bewusste Veränderung Ihrer Sichtweise: Dies ist quasi der Schlüssel zum unendlichen Mindset. So kann Ihr Fokus entscheidend sein, ob Sie

• erfolgreich oder mutlos,

• glücklich oder unglücklich,

• ein Erschaffer der eigenen Realität oder ein Opfer der Umstände um Sie herum sind.

Nur Sie selbst sind in der Lage, Ihren Fokus dahin zu lenken, wohin Sie selbst gern möchten. Wenn Sie das verstanden und verinnerlicht haben, werden Sie sehen, dass Ihr Mindset unendlich ist. Sie können Ihr Mindset genau zu dem entwickeln, was Sie erreichen wollen.

Um es noch einmal zu sagen: Wenn Sie wissen, was Sie in Ihrem Leben wollen und wer Sie sein wollen, können Sie Ihren Fokus auf das Erreichen dieser Ziele setzen. Das müssen erst mal ja gar nicht so große Ziele sein, auch kleine Ziele oder Etappenziele spornen an und zeigen Ihnen, dass Sie auf dem richtigen Weg sind. Vielleicht merken Sie dabei, dass bestimmte alte Denkmuster Sie immer wieder beim Erreichen Ihrer Ziele ausbremsen. Arbeiten Sie dann daran! Vielleicht merken Sie auch, dass Sie auf dem Weg zum Erreichen Ihrer Ziele noch einiges lernen müssen. Sprachen muss man ja auch lernen, und sportliche Erfolge und das Erlernen eines Instrumentes kommen auch nicht von heute auf morgen, sondern setzen Übung voraus. Dann lernen Sie dies!

Vielleicht müssen Sie auch etwas an Ihren gewohnten Routinen ändern, um Ihre Ziele erreichen zu können. Zum Beispiel, dass Sie mehr Sport treiben und auf Ihre Ernährung achten müssen, um abnehmen zu können. Hier müssen Sie Ihren Lebensstil etwas dem Ziel anpassen, denn einfach so nimmt man leider meistens nicht ab. In jedem Fall können Sie aber immer selbst Ihr Mindset danach ausrichten und damit auch, auf welche Art Sie leben möchten.

Ziel dieses Buches ist es, Ihnen Schritt für Schritt zu einem unendlichen Mindset zu helfen. **Wesentliche Elemente auf Ihrem Weg zu einem unendlichen Mindset sind:**

- **Ziele**
- **Selbstbewusstsein**
- **Positives Denken**
- **Selbstdisziplin**
- **Motivation**

Jeder einzelne Punkt soll hier in dem Buch nun genauer beleuchtet werden und durch ganz konkrete Tipps und praktische Ansätze bzw. Übungen dazu ergänzt werden. Diese können Sie dann regelmäßig für Ihre eigene, persönliche Mindset-Arbeit nutzen. Diese fünf Aspekte ergänzen sich dabei gegenseitig und sind alle wichtig, denn nur in ganzheitlicher Zusammenarbeit kann Ihr Mindset unendlich ausgedehnt werden. Nur so lenken Sie Ihr eigenes Leben auf Erfolgskurs. Von **Albert Schweitzer** stammt das Zitat:

> *„Die größte Entscheidung Deines Lebens liegt darin, dass Du Dein Leben ändern kannst, indem Du Deine Geisteshaltung änderst.“*

Das heißt: **Es kommt ganz und gar nur auf Sie an! Sie haben es in der Hand!**

Ziele haben

Vorstellungen und Ziele für das Leben hat wohl jeder von uns. In diesem Kapitel schauen wir uns an, welche verschiedenen Arten von Zielen man haben kann und wieso überhaupt Ziele gesetzt werden sollten. Um ein Mindset auf Erfolg zu programmieren, sind Ziele selbst sehr wichtig und entscheidend, wie Sie in diesem Abschnitt sehen werden.

WARUM SOLLTEN ZIELE GESETZT WERDEN?

Sie wissen nun schon, dass Sie selbst Ihr Mindset gezielt ausrichten können. Auch haben Sie schon erfahren, dass Sie dies unbegrenzt tun können, je nachdem, worauf Sie selbst Ihren Fokus richten. Die Frage ist nun, wie Sie es schaffen, Ihr Mindset so zu steuern, dass es zu einem kraftvollen Mindset wird, das auch Erfolg verspricht. Wie in dem Wort gezielt schon enthalten, benötigen Sie dafür natürlich erst einmal ein Ziel.

Sie müssen sich entscheiden, in welche Richtung Sie Ihr Mindset ausrichten wollen.

Fragen Sie sich und schreiben Sie ruhig auf, wohin Sie wollen, wie Sie sein wollen, was Sie erreichen wollen und wie Ihr Leben in einem Jahr aussehen soll. All dies sind Fragen, auf die Sie Ihr Mindset ausrichten können. Machen Sie sich bewusst, was Ihr IST-Zustand ist und was Sie - im Vergleich zu diesem - in naher und ferner Zukunft erreichen wollen. Jeder von uns entwickelt - auch unbewusst - Ziele, wenn man schaut, wo man aktuell gerade ist und was man in der Zukunft alles erreichen möchte. Je genauer Sie die Ziele formulieren und benennen können, desto besser schaffen Sie es, darauf hinzuarbeiten.

Wichtig ist es, dass Sie sich Ihre unbewussten Visionen, die Sie von Ihrem Leben haben, in Ihr Bewusstsein rufen und genau benennen. Am besten geht dies, wenn man sich dazu zu den einzelnen Punkten eine Tabelle macht und Ist- und Wunschzustand vergleicht. In einer dritten Spalte kann man dann überlegen, was man machen kann, um von dem Ist- in den Wunschzustand zu kommen. So schaffen Sie es am besten, Ihre Ziele zu erreichen.

So eine Tabelle könnte beispielsweise so aussehen:

Ist-Zustand	Wunsch-Zustand und Zeitraum zum Erreichen dieses Zustandes:	Wie erreiche ich mein Ziel?
Beruf: Kurzfristiges Ziel:	**Beruf: Kurzfristiges Ziel (die nächsten 3 Monate):**	**Beruf: Ziel erreichen durch:**
Es fällt mir schwer, auf andere Menschen zuzugehen und meine Ideen vor anderen Kollegen und Vorgesetzten vorzustellen. Ich wäre hier gern selbstbewusster.	Es macht mir nichts aus, vor anderen zu sprechen und ich stehe für meine Ideen ein.	Das Vortragen meiner eigenen Ideen üben, wenn möglich, erst einmal vor Vertrauenspersonen reden, die ich kenne und denen ich vertraue. Möglich wäre auch, dies erst einmal vor dem Spiegel zu üben und aufzunehmen und es dann selbst zu analysieren. Evtl. schauen, ob es interne oder externe Seminare / Kurse zu dem Thema gibt, die ich belegen kann. Entspannungstechniken erlernen, damit ich vor anderen nicht mehr so aufgeregt bin.

Langfristiges Ziel:	**Langfristiges Ziel (in einem Jahr):**	**Langfristiges Vorgehen:**
Ich möchte mich weiterentwickeln und meinen persönlichen Erfolg steigern.	Beförderung in eine höhere Gehaltsstufe.	Mich über Aufstiegsmöglichkeiten informieren und evtl. Möglichkeiten zur Fortbildung wahrnehmen.
Privat:	**Privat (im nächsten Jahr):**	**Privat:**
Ich hätte gern mehr Zeit für meine Familie und würde gern mehr Zeit mit ihr verbringen.	Ich muss weniger arbeiten und kann mich mehr Stunden am Tag meiner Familie widmen.	Ein besseres Zeitmanagement wäre klug, vielleicht schaffe ich es, mehr von zu Hause zu arbeiten, um nicht so viel unterwegs zu sein. Die Familienmitglieder fragen bzw. mir überlegen, was sie gern machen würden. Feste Zeiten einrichten und möglichst einhalten, die nur der Familie gewidmet sind.

So oder so ähnlich könnte Ihre Tabelle aussehen. Je konkreter Sie dabei Ihre nahen und fernen Ziele benennen können, umso besser werden Sie dann auch Ihr Mindset danach ausrichten können.

REELLE UND ABSTRAKTE ZIELE

Ziele können natürlich ganz unterschiedlich sein, und der Ausformulierung Ihrer Ziele sind dabei grundsätzlich keine Grenzen gesetzt. Für einen Menschen mit Gehbehinderung kann schon das Laufen mit Gehstützen ein Ziel sein, Athleten könnten sich beispielsweise bestimmte Zeiten beim Laufen als Ziel setzen usw. Vielleicht haben Sie sich vorgenommen, im nächsten halben Jahr abzunehmen, Sie wollen mehr Geld verdienen oder selbstbewusster sein. Vielleicht wollen Sie auch heiraten, ein Haus bauen oder eine längere Urlaubsreise unternehmen. Die Ausrichtung Ihrer Ziele - wie auch die Ihres Mindsets - ist dabei völlig unbegrenzt. Maßgeblich für die Herausbildung Ihrer persönlichen Zielvorstellungen sind Ihre eigene Persönlichkeit, Ihre Lebenssituation und Ihr individuelles Wertesystem.

Ganz gleich, welcher Art Ihre Zielvorstellungen und Träume sind oder wie groß diese sind: Beachten sollten Sie, dass Sie immer so realistisch und so konkret wie möglich Ihre Ziele formulieren.

So könnte es beispielsweise ein Wunsch von Ihnen sein, reich zu sein. Das wünschen sich sicher viele, denn Wohlstand und finanzielle Sicherheit sind sicher ein Thema für uns alle. Somit ist der Wunsch, reich zu sein, durchaus legitim und vertretbar. Nun haben Sie sich also das Ziel gesetzt, reich zu sein. Das ist doch ein gutes und legitimes Ziel, oder etwa nicht? So formuliert hat das Ziel aber einen großen Haken: Es bietet Ihnen sehr wenig Handlungsmöglichkeiten, denn Sie haben ja nicht festgesetzt, was es für Sie bedeutet, reich zu sein. Genaue Handlungsmöglichkeiten brauchen Sie aber, damit Ihre Träume keine Luftschlösser bleiben und Sie diese auch tatsächlich verwirklichen können.

Das formulierte Ziel „Ich möchte reich sein“ ist somit ein abstraktes Ziel. Das heißt, dass Sie zwar wissen, dass Sie reich sein möchten, allerdings haben Sie nicht festgelegt, was genau Reichtum für Sie bedeutet. Wie können Sie es schaffen, reich zu werden und Wohlstand zu erlangen? Was müssen Sie vielleicht dafür tun, um reich zu werden? All das sind Fragen, auf die Sie im Rahmen Ihrer Zielsetzung eine Antwort finden sollten und die Sie sich bewusst machen sollten. Warum sollten Sie das tun? Um Ihr Ziel besser abzustecken und dann auch erreichen zu können. Bei der Formulierung Ihrer Ziele ist es also wesentlich, diese auf ihre Erreichbarkeit und ihre Konkretisierung hin zu prüfen. Das bedeutet zum einen, dass Sie Ihre Ziele so genau wie möglich formulieren. Anstatt zu sagen „Ich will reich sein." sollten Sie lieber sagen „Im nächsten Jahr möchte ich mein Einkommen um 20 % steigern." oder „Im nächsten Jahr möchte ich mir einen schönen erholsamen Urlaub leisten können." Natürlich sollten die Ziele auch realistisch sein und nicht unwahrscheinlich wie beispielsweise ein Lottogewinn.

Wenn Sie sich das Ziel setzen „Ich will der Direktor einer großen Firma sein", dann ist das nicht unbedingt realistisch, wenn Sie nicht studiert haben und die beruflichen Voraussetzungen erfüllen. Oder wenn Sie sportlich etwas erreichen möchten, wozu Ihr Körper nicht in der Lage ist. Mit dem richtigen Mindset kann man wohl beruflich aufsteigen und vielleicht auch sportlich Dinge erreichen, die man mit einem anderen Mindset vielleicht nicht erreicht hätte, dennoch sollten Sie immer bedenken, dass Sie auch die Voraussetzungen erfüllen, um diese Ziele zu erreichen. Ziele sollten für Sie greifbar sein.

KLEINE UND GROSSE ZIELE (ZIELE BENENNEN)

Die letzten Zeilen dieses Buches sollen Sie natürlich nicht entmutigen. Setzen Sie sich ruhig auch große Ziele und Visionen, denn mit dem richtigen Mindset können Sie eigentlich im Grunde alles das erreichen, was Sie sich wünschen. Und schließlich sind diese Ziele ja Ihr Motor. Also träumen Sie ruhig und haben Sie Visionen. Wenn es aber um die Umsetzung geht, dann ist es besser, die Vision auf kleinere Schritte herunterzuschrauben. Große Ziele, die wir nicht richtig greifen können, bleiben dies in der Regel auch erst einmal. Zudem besteht dann die Gefahr, entmutigt zu werden und diese Ziele nicht mehr zu verfolgen, wenn man sie nicht erreicht oder zumindest in der vorgenommenen Zeit nicht erreicht.

Dies kann sich dann sogar auch auf Ihre kleineren Ziele übertragen, indem Ihr Unterbewusstsein Ihnen dann zu verstehen geben möchte, dass Sie die Ziele sowieso nicht erreichen. Diese Falle sollten Sie auf jeden Fall vermeiden.

Hier einmal ein **Beispiel**, wie dies gemeint ist:

Vielleicht haben Sie es sich zum Ziel gesetzt, in den nächsten Jahren zu heiraten. Sie sehen sich schon selbst vor Ihrem inneren Auge an Ihrem großen Tag, haben sich vielleicht sogar schon Ihre Traumlocation ausgesucht und eine Gästeliste erstellt.

Dennoch sind Sie gerade immer noch Single und Ihnen fehlt noch der richtige Partner für diesen Plan. Sich dies dennoch vorzustellen, ist auf jeden Fall legitim und auch sehr schön, wenn aber noch der passende Partner fehlt, ist dies doch ein großes Vorhaben. Allerdings müssen Sie die Vorstellung nun keinesfalls fallen lassen, im Gegenteil. Sie sollten sie ruhig weiterhin behalten. Sie sollten nur auch die Zwischenschritte nicht vergessen, damit Sie sich nicht schlecht fühlen, wenn Sie im Lauf der nächsten Jahre immer noch nicht den richtigen Partner gefunden haben.

Was Sie aber tun können, ist, sich den Zwischenschritten zu widmen. In dem Fall besteht der Zwischenschritt darin, den richtigen Partner für die Hochzeit zu finden, was ja auch durchaus sinnvoll ist. Liebe ist komplex und man kann sie keinesfalls erzwingen, allerdings können Sie dem Glück auch ein bisschen auf die Sprünge helfen. Sie können also beispielsweise mehr ausgehen, einem Verein beitreten (die gleichen Freizeitinteressen erhöhen noch die Chancen auf Gemeinsamkeiten) oder sich bei einer Singlebörse anmelden. Oder vielleicht hilft Ihnen die Vorstellung ja auch schon dabei, einmal Ihr Umfeld mit offenen Augen zu betrachten:

Vielleicht gibt es da ja schon jemanden, der zu Ihnen passt, nur haben Sie es bisher noch nicht bemerkt. Schauen Sie sich dann einfach einmal um und fragen Sie sich, wo Sie den passenden Partner finden könnten. Vielleicht könnten Sie ja auch noch Ihre eigene Attraktivität steigern, indem Sie Ihr Erscheinungsbild etwas abändern, Sie können beginnen, Menschen einfach mal anzulächeln usw.

Sie erkennen also: Das Ziel, heiraten zu wollen, lässt sich in viele kleine Unterziele einteilen.

Wenn Sie sich dieser Zwischenschritte bewusst sind und diese am besten noch ausschreiben, dann haben Sie sich schon einen wirklich großen Gefallen getan, denn

- Ihr Vorhaben wird konkreter und greifbarer.
- Sie nähern sich Schritt für Schritt Ihrem Ziel und knüpfen dabei vielleicht auch noch andere gute Kontakte.
- Sie werden aktiver und nehmen nicht mehr nur die Passiv-Rolle ein.
- Sie erkennen die Fortschritte der kleinen Ziele und werden dadurch ermutigt.
- Sie bleiben motiviert und weiterhin auf Ihr Ziel fokussiert.

BEREICHE, IN DENEN MENSCHEN SICH ZIELE SETZEN

Ziele und Visionen haben wir Menschen in vielen unterschiedlichen Bereichen. Sie können auch mehrere Ziele nebeneinander haben oder unterschiedliche Ziele in verschiedenen Lebensbereichen. Hier sind einmal ein paar Beispiele genannt, welche Ziele und Visionen Sie sich setzen können.

Im Beruf

Wer sich berufliche Ziele setzt, möchte in aller Regel seine Berufstätigkeit ausgestalten oder die eigene Karriere vorantreiben. Der Verdienst soll außerdem gesteigert werden und die Tätigkeit erfüllend sein.

Berufliche Ziele könnten beispielsweise sein:

- Ich möchte meinen Umsatz im kommenden Jahr um 15 Prozent steigern.
- Ich möchte so oft wie möglich von zu Hause aus arbeiten. Am besten drei Tage die Woche, damit sich dies auch lohnt.
- In zwei Jahren möchte ich endlich eine leitende Position in der Firma

haben.

... es gibt natürlich noch viel mehr Ziele, auch z. B. vermeintlich kleinere Ziele, die man erreichen möchte, wie etwa ein gelungenes Verkaufsgespräch, eine erfolgreich absolvierte Fortbildung, eine gelungene Teamarbeit usw.

Beim Sport

Diese Ziele beruhen darauf, die eigene sportliche Leistung zu steigern und – wenn möglich – die anderen beim Wettkampf zu übertreffen.

Auch dies kann in kleinen Schritten geschehen wie etwa:

- Im Lauf der Saison möchte ich mit der Mannschaft sechs Spiele gewinnen/ auf einem Platz im Mittelfeld der Tabelle stehen.
- Ich möchte meine Joggingstrecke von 5 auf 10 km erweitern.
- Ich möchte beim Schwimmen meine Zeit für 8 Bahnen um 20 % steigern.
- ... und vieles mehr.

Im privaten Bereich (z. B. Abnehmen, Ernährung, Fitness …)

Private Ziele können alle anderen Ziele sein, die für Sie bedeutende Lebensbereiche betreffen. Mögliche Ziele sind hier:

- In den nächsten 4 Wochen möchte ich 4 Kilo abnehmen.
- Ich möchte mehr private Kontakte knüpfen und mich mehr meinen Lieblingsbeschäftigungen und Hobbys widmen.
- Ich möchte an meinem Selbstwertgefühl arbeiten und es steigern.
- Ich möchte Konflikte mit langjährigen Freunden oder Bekannten klären.
- ... usw.

Auch hier gilt bei den verschiedenen Bereichen: Je genauer die Formulierung, desto besser und desto eher werden Sie auch nicht scheitern und dementsprechend mehr motiviert sein.

EINEN ZEITRAUM FESTLEGEN

Neben dem genauen und konkreten Ausformulieren der eigenen Ziele ist es auch sinnvoll, einen genauen Zeitraum festzulegen, in dem Sie dieses Ziel erreichen wollen. Es gehört nun einmal zu einer guten Zielformulierung dazu, dass Sie sich bewusst manchen, bis wann Sie Ihr Ziel erreicht haben wollen. Sonst laufen Sie wieder Gefahr, dass Sie Ihre Ziele nicht ernsthaft verfolgen. Außerdem bietet ein guter und realistischer Zeitplan eine gute Orientierungshilfe und sorgt dafür, dass Sie beständig an Ihr Ziel denken.

Erstellen Sie sich am besten ein konkretes und realistisches Zeitfenster, das Sie bewusst zum Erreichen Ihres Zieles nutzen wollen. Planen Sie dazu am besten in Ihrem Wochenplan eine gewisse Stundenanzahl ein, an die Sie sich dann auch halten. Somit erschaffen Sie sich einen Motor, um auch konkret ins Handeln zu kommen und Ihre Ziele nicht im Sand verlaufen zu lassen. Im Lauf dieses Zeitfensters können Sie dann auch immer überprüfen, wie weit Sie mit Ihrem Ziel schon gekommen sind (z. B. haben Sie Ihre Zeit im 100-m-Lauf schon um 10 % gesteigert, es fehlt jetzt nur noch die restliche Optimierung, um das festgesetzte Ziel einer 20-prozentigen Leistungssteigerung zu erreichen), und was Sie vielleicht noch unternehmen müssen, damit Sie dieses Ziel auch wirklich bis zum Fristende erreichen. Hier ergibt es auch keinen Sinn, sich utopische Ziele zu setzen, die nicht erreicht werden können. Wer z. B. klein ist, hat nun mal im Basketball Nachteile und wird wohl mit weniger großer Wahrscheinlichkeit dort besonders erfolgreich sein.

Möchten Sie z. B. Gewicht verlieren, ist es sinnvoll, sich zu überlegen, wie viel Gewicht Sie innerhalb einer Woche oder eines Monats realistisch verlieren können. Würden Sie sich beispielsweise zum Ziel setzen, in einer

Woche 10 Kilo abzunehmen, so wäre das tatsächlich sehr kontraproduktiv, denn auf gesundem Wege würden Sie in so kurzer Zeit wahrscheinlich nicht so viel abnehmen. Im Gegenteil: Durch den Jo-Jo-Effekt nehmen Sie vielleicht noch zu, wenn Sie Ihre Ernährung nicht dauerhaft umstellen und langsam abnehmen wollen. So würden Sie Ihr Ziel als „gescheitert" einstufen und sich entmutigt fühlen und vielleicht sogar das Abnehmen und eine gesunde Lebensweise ganz aufgeben. Damit Sie am Ball bleiben, sollten Sie Ihr Ziel (Abnehmen) so setzen, dass Sie es auch erreichen können, z. B. „Im nächsten Monat möchte ich drei Kilo abnehmen." Das ist schon realistischer als die 10 Kilo in einer Woche und führt dann zu einem positiven Erfolgserlebnis, das Sie motivieren wird.

Halten Sie sich bei der Formulierung Ihrer Ziele an die sogenannte „SMART"-Formel. Die ist eine amerikanische Methode, um Ziele erfolgreich zu formulieren. SMART ist eine Abkürzung und steht für:

- **Spezifisch**: genau angegeben, wenn nötig, in Teilschritten unterteilt.
- **Messbar**: Es sollte messbar sein, beispielsweise „Ich möchte bis zum nächsten Jahr 10 % mehr verdienen." oder „Ich möchte im nächsten Monat drei Kilo abnehmen."
- **Attraktiv**: Das Erreichen des Ziels sollte für Sie attraktiv und keine Qual sein.
- **Realistisch**: Dies hängt zusammen mit der Attraktivität: Das Ziel sollte für Sie gut machbar und zu erreichen sein, damit Sie auch zu jedem Zeitpunkt motiviert sind.
- **Terminiert**: Das Festsetzen eines bestimmten Zeitraumes erlaubt es Ihnen, Ihre Ziele zu kontrollieren und, wenn nötig, anzupassen.

Wenn Sie sich daran halten, haben Sie die besten Voraussetzungen, dass Sie Ihre Ziele dann auch erreichen werden.

Gründe, selbstbewusst zu sein

Der Wunsch vieler Menschen ist es, mehr Selbstbewusstsein zu erlangen und mehr an ihre Eigenschaften, Fähigkeiten und das eigene Urteilsvermögen zu glauben. Wenn Sie nicht an sich glauben, wird es Ihnen auch sehr schwerfallen, Ihre Träume und Visionen aufrechtzuerhalten.

Ihr Selbstbewusstsein richtet Ihren Blick nach vorn und sorgt dafür, dass Sie sich Ihrer Stärken und Fähigkeiten wohl bewusst sind. Es lässt Sie nach vorn blicken und erlaubt es Ihnen, Grenzen zu überwinden und Dinge zu erreichen, die Sie so nicht für möglich gehalten hätten. Selbstbewusstsein erlaubt es Ihnen außerdem, auf andere Menschen zuzugehen, die Ihnen vielleicht dabei helfen könnten, Ihr Ziel zu erreichen (beispielsweise können Sie mit mehr Selbstbewusstsein Ihren Traumpartner ansprechen, wenn Sie ihn sehen, und kommen so Ihrem Ziel, eine Familie zu gründen, näher.)

Die wichtigsten Tipps zu mehr Selbstbewusstsein sind:

1. Stellen Sie sich Ihren Ängsten und versuchen Sie, diese nach und nach zu überwinden.

2. Erlauben Sie sich, Fehler zu machen. Niemand ist vollkommen.

3. Fühlen Sie sich wohl.

4. Lachen Sie über sich selbst.

5. Machen Sie sich Komplimente. Eigenlob ist wichtig!

6. Nehmen Sie Komplimente an und versuchen Sie, alle Tipps von anderen Personen in die Tat umzusetzen.

7. Verbessern Sie Ihre Körpersprache. Aktives Zuhören (die ganze Aufmerksamkeit auf den Gesprächspartner richten und seine Körpersprache analysieren) erleichtert es enorm, auf andere Menschen zuzugehen.

8. Stehen Sie zu Ihren Wünschen und Erwartungen.

Dies sind natürlich nur die wichtigsten Punkte zum Stärken des Selbstbewusstseins. Hier soll es in erster Linie darum gehen, wie ein gesundes Selbstbewusstsein Ihnen helfen kann, Ihre Ziele auch zu erreichen. Dazu ist es erst einmal nötig, sich zu überlegen, was einen selbstbewussten Menschen überhaupt auszeichnet.

WELCHE EIGENSCHAFTEN ZEICHNEN SELBSTBEWUSSTE MENSCHEN AUS?

Haben Sie sich schon einmal überlegt, was **Selbstbewusstsein** eigentlich bedeutet? **Was genauer hinter dem Begriff steckt?**

Schauen wir uns den Begriff an, erkennen wir, dass das Wort Selbstbewusstsein aus den Wörtern „Selbst - Bewusst - Sein“ zusammengesetzt ist. Ein selbstbewusster Mensch ist sich somit seines Selbst bewusst. Was aber könnte damit gemeint sein? Folgt man dem Wortlaut, könnte es sich um einen Menschen handeln, der sich selbst und die eigenen Stärken und Schwächen gut kennt. Auch ist eine selbstbewusste Person bewusst. Sie weiß, was sie kann, und kennt auch die eigenen Motivationsfaktoren gut. Die eigenen Bedürfnisse, Prägungen und Wünsche sind dieser Person nicht fremd, sie kennt sie. Können Sie diesen Gedanken folgen? Wie sieht es mit Ihnen aus? Sind Sie sich selbst bewusst? Kennen Sie sich und haben Sie eine Vorstellung davon, wie Sie auf andere Menschen wirken? Woran erkennen Sie, ob ein Mensch selbstbewusst ist oder nicht?

Überlegen Sie einmal, welche Personen Sie kennen, die Sie für selbstbewusst halten würden. Woran erkennen Sie, dass diese Person selbstbewusst ist? Wie wirkt diese Person auf Sie? Wenn Sie mögen, machen Sie sich dazu ruhig einmal ein paar Notizen.

Da könnte vielleicht stehen:

- Diese Menschen finden keine Entschuldigungen, sondern stehen zu ihren Handlungen, selbst, wenn diese vielleicht falsch waren. Sie trainieren und üben so lange, bis sie es können.

- Sie urteilen nicht über andere Menschen, da sie sich so mit sich im Reinen fühlen, dass sie dies nicht brauchen.

- Sie leben nicht ständig in ihrer Komfortzone. Diese Menschen wissen, dass man die eigenen Ziele oft nur erreichen kann, wenn man den sogenannten „inneren Schweinehund“ auch einmal überwindet.

- Sie lassen nicht zu, dass mangelnde Ressourcen sie vom Erreichen ihres Ziels abhalten. Sie wissen, wie sie ihre eigenen Ressourcen aktivieren, um ihre Ziele zu erreichen.

- Sie machen sich nicht von der Meinung anderer Menschen abhängig, die sie daran hindern könnten, ihre Ziele zu erreichen.

- Sie verschieben nichts auf morgen und warten nicht auf „bessere Umstände“, sondern richten sich nach ihrem (realistisch) aufgestellten Plan. Aktivität ist angesagt, wenn man seine Ziele erreichen möchte!

- Sie benötigen keine dauerhafte Bestätigung. Lieber schauen diese Menschen auf ihre eigenen Ziele und konzentrieren sich darauf, wie sie diese erreichen.

- Rückschläge halten sie nicht davon ab, ihre Ziele zu erreichen. Im Gegenteil: Diese Menschen sehen Krisen als Chancen an, um neue Möglichkeiten zu entdecken.

- Sie meinen nicht, es allen recht machen zu müssen. Sie wissen, dass dies einfach nicht möglich ist und dass man nicht mit allen Menschen gleich gut auskommt. Sie setzen bei Beziehungen auf Qualität und nicht auf Quantität und finden so heraus, wer ihnen beim Erreichen ihrer Ziele helfen kann.

- Sie handeln ohne Zögern und holen sich nicht die Erlaubnis von anderen.

Fällt Ihnen noch mehr dazu ein? In der Tat gibt es einige Eigenschaften, über die selbstbewusste Menschen – auch nach außen sichtbar – verfügen. Meist erkennt man selbstbewusste Menschen daran, dass diese mindestens diese drei Eigenschaften an den Tag legen:

- Sie haben Durchsetzungsvermögen und geben nicht gleich beim kleinsten Hindernis auf.

- Sie treffen bewusste Entscheidungen und handeln auch danach. Selbstbewusste Menschen haben es nicht nötig, hinter dem Rücken anderer zu lästern und intrigant zu sein. Sie sehen den Wert in ihrem Gegenüber und wissen immer, wie sie sich verhalten.

- Sie können auch einmal „nein" sagen, wenn sie es für angebracht halten.

Diese drei Eigenschaften, Durchsetzungsvermögen, bewusste Handlungen und Entscheidungen zu treffen und „nein" zu sagen, werden wir hier nun einmal genauer anschauen, denn sie verhelfen uns zu einem gesunden Mindset.

Das Durchsetzungsvermögen

Menschen mit Durchsetzungsvermögen können ihre eigenen Interessen besser gegenüber anderen Personen durchsetzen und schaffen es so eher, ihre Ziele zu erreichen. Mit Durchsetzungsvermögen ist jedoch hier nicht gemeint, seinen eigenen Willen um jeden Preis durchzusetzen, nicht auf die Bedürfnisse anderer Menschen zu achten und sich selbst in den Mittelpunkt zu stellen, denn dies wäre Egoismus. Mit Durchsetzungsvermögen ist hier gemeint, dass man anderen Personen alle seine Interessen, Bedürfnisse und Ziele mitteilt, damit diese erst einmal überhaupt wissen, welche Vorstellungen wir haben und was uns gerade jetzt auf dem Herzen liegt. Dies wird der anderen Person dann so dargestellt, dass diese versteht, was man möchte, und man so am Ende das gewünschte Ergebnis bekommt und sein Ziel erreicht. Wer Durchsetzungsvermögen besitzt, kann für sich selbst einstehen und schafft es, andere zu überzeugen. Frei nach dem Motto „Wer nichts wagt, der nichts gewinnt“ scheuen Personen mit Durchsetzungsvermögen auch keine Konfrontation. Voraussetzung dafür ist jedoch eine faire Kommunikation auf Augenhöhe, bei der weder Druck noch Macht auf den anderen ausgeübt wird.

Damit Sie sich durchsetzen können, müssen Sie – Sie ahnen es schon – sich natürlich Ihrer Bedürfnisse, Ziele und Interessen bewusst sein. Auch müssen Sie selbstverständlich an Ihren Erfolg glauben und fest davon überzeugt sein, dass sich Ihre Situation verbessern wird.

Durchsetzungsfähige Menschen signalisieren anderen, dass sie einerseits fest von ihrer Meinung überzeugt sind, gleichzeitig vermitteln sie ihrem Gegenüber aber auch Kompromissbereitschaft und hören ihm aktiv zu. Diese Kompromissbereitschaft ist es, die letztlich Vertrauen fördert und so die Grundlage für ein authentisches Durchsetzungsvermögen darstellt.

Sollten Sie nun bemerken, dass Sie Ihr Durchsetzungsvermögen durchaus noch steigern können, dann ist dies noch kein Grund zum Verzweifeln und Aufgeben. Lassen Sie hier den Kopf nicht hängen und fangen Sie an zu üben. Sicher bietet sich Ihnen hier bald eine Gelegenheit zur Konfrontation. Schauen Sie sich nach Situationen um, in denen Sie Ihre Interessen vertreten können und sich dazu mit Ihrer Umwelt auseinandersetzen. Das können am Anfang ruhig erst einmal recht kleine Dinge sein, beispielsweise, einen Menschen auf der Straße nach dem Weg zu fragen etc. Sie werden merken, wie sich Ihr Selbstbewusstsein diesbezüglich mehr und mehr steigert, bis Sie sich schließlich auch trauen, andere Menschen in schwierigeren Situationen anzusprechen.

Horchen Sie dabei auch einmal in sich hinein: Wie geht es Ihnen dabei, wenn Sie Ihre Interessen vertreten? Beobachten Sie sich in solchen Situationen auch mal richtig: Wie verhalten Sie sich, wenn Sie Ihre Interessen gegenüber anderen vertreten wollen? Reden Sie dann leise oder laut und deutlich, sodass Ihr Gegenüber sicher sein kann, dass Sie genau wissen, worüber Sie reden? Achten Sie auf Einwände Ihres Gegenübers und geben Sie ihm auch die Gelegenheit, die eigene Position darzustellen? Schaffen Sie es, gleichzeitig durchsetzungsstark, aber dennoch bereit zu Kompromissen aufzutreten?

Diese Fragen können Ihnen hier zur Orientierung und Selbstbeobachtung dienen. Besonders die Körpersprache werden wir hier in dem Buch aber noch genauer unter die Lupe nehmen, da diese hier eine sehr wichtige Rolle einnimmt.

Bewusste Handlungen und Entscheidungen

Damit Sie durchsetzungsstark sind, sollten Sie Ihre eigenen Vorstellungen, Ziele und Bedürfnisse genau kennen. Das wissen Sie nun schon. Nur dann schaffen Sie es auch, diese nach außen hin zu vertreten. So erkennen Sie hier ein wesentliches Merkmal selbstbewusster Menschen: Sie kennen sich und ihre Ziele ganz genau und können so bewusst Entscheidungen treffen und handeln. Damit Sie bewusste Entscheidungen treffen können, sollten Sie wissen, wer Sie sind und was genau Sie wollen. Zielgerichtete Entscheidungsfindung geht also immer mit „sich seines Selbst bewusst zu sein" einher. Dazu sollten Sie regelmäßig in sich hineinhören und Ihre Bedürfnisse, Ziele und Vorstellungen mit dem Ist-Zustand vergleichen. Wenn Sie hier merken, dass dort eine Abweichung entstanden ist, dann sollten Sie die nötigen Veränderungen in die Wege leiten, um diese Abweichung zu beseitigen. Dafür müssen nun wieder bewusste Entscheidungen getroffen werden. Hier einmal ein Beispiel:

Sie bemerken, dass Sie in Ihrem Job zunehmend unglücklich sind. Dies zeigt sich Ihnen mehr und mehr im Alltag: Vielleicht fällt es Ihnen immer schwerer, morgens aufzustehen, Sie sind immer schlecht gelaunt, haben keine Energie mehr oder Ihre Leistung lässt nach. Um dies zu bemerken, müssen Sie sich gegenüber sehr aufmerksam sein und öfter in sich hineinhören. Sie merken dann vielleicht, dass Ihre Laune und Ihre Leistung immer deutlicher sinken. Es kann sein, dass Sie dabei entdecken, wie monoton Sie Ihre Arbeit finden oder dass das Arbeitsklima in der Firma immer schlechter wird. Unter Umständen fällt Ihnen auch ein Ereignis ein, bei dem Ihre Laune und Motivation immer mehr abgenommen haben: Dies können beispielsweise die Beförderung eines Kollegen oder die verweigerte Weiterbildung sein. Möglich wäre auch, dass Sie bei einem Konflikt mit Ihrem Vorgesetzten oder Ihren Kollegen immer lustloser werden und schließlich die ganze berufliche Situation darunter leidet.

Was auch immer der Grund sein mag, weswegen Sie an Ihrem Arbeitsplatz unglücklich sind: Haben Sie den Grund gefunden, können Sie Lösungswege suchen, um aus dieser Unzufriedenheit herauszukommen. Sie können dann bewusste Entscheidungen treffen, wie etwa das Gespräch mit dem Vorgesetzten oder Kollegen suchen oder sich nach einem anderen Einsatzbereich bzw. einer anderen Anstellung umsehen. Menschen mit viel Selbstbewusstsein bleiben immer mit sich selbst und ihren Motiven und Interessen in Kontakt. Sobald sie merken, dass diese in den Hintergrund geraten, überprüfen sie den Ist- mit dem Wunschzustand und passen ihre Vorstellungen und Handlungsweisen gegebenenfalls an. Schließlich finden sie dann eine Lösung und fällen eine Entscheidung. Der nächste Schritt beinhaltet dann, nach dieser Entscheidung zu handeln. Gegebenenfalls kann dies tatsächlich auch viel Mut und Vertrauen in sich selbst kosten.

Die getroffene Entscheidung sollte Ihnen im Idealfall das Gefühl vermitteln, Ihre eigene Situation langfristig zu verbessern, und zwar zugunsten der eigenen Weiterentwicklung. Menschen, die ihr Leben so gestalten, übernehmen damit die volle Verantwortung für sich und ihr Leben. Sie sind quasi, wie man so schön sagt, ihres Glückes eigener Schmied. Ihr Leben nehmen Sie bewusst selbst in die Hand, sie treffen Entscheidungen und handeln aktiv danach. Sie schrecken nicht davor zurück, auch einmal Fehler zu machen oder zu scheitern. Da ihr Leben ein ständiger Entwicklungsprozess ist, sehen diese Menschen Scheitern in der Regel sogar als Chance an, um daraus noch etwas lernen zu können. Man könnte auch sagen: Sie gestalten ihr eigenes Leben. Am besten lernt man auch hier in kleinen Schritten, eigene Entscheidungen zu treffen und sein Leben aktiv zu gestalten. Im Alltag kann das beispielsweise so aussehen:

- Was esse ich zum Frühstück/ zu Mittag/ zu Abend?
- Welchen Film möchte ich heute Abend nach Feierabend sehen?
- Nehmen Sie jetzt Ihr Auto oder könnten Sie den Weg auch mit dem Rad zurücklegen?

Sie sehen: Unser Alltag bietet Ihnen hier mehr als genug Möglichkeiten zum Üben. Auf Anhieb scheint dies erst einmal banal zu sein, aber es sensibilisiert Ihr Gefühl für Ihre eigenen Bedürfnisse und Interessen. Sie können so erfahren, wie es sich anfühlt, nach eigenen Interessen zu handeln.

„Nein“ sagen lernen

Dies führt uns zu einer weiteren herausragenden Eigenschaft selbstbewusster Menschen: Selbstbewusste Menschen können auch leichter „nein“ sagen. Vielen Menschen fällt es sehr schwer, anderen Menschen eine Bitte abzuschlagen, eine Verabredung abzusagen oder sonst etwas zu tun, das andere Menschen enttäuschen könnte. Dies liegt daran, dass wir glauben, dass andere uns in unserer gesamten Person ablehnen, wenn wir ihren Erwartungen nicht entsprechen.

Dass wir Erwartungen erfüllen sollen, kommt meist aus unserer Kindheit, in der wir dies gelernt haben. In der Regel werden Kinder von Ihren Eltern belohnt, wenn diese deren Erwartungen erfüllen. Als Kind sind wir noch sehr abhängig von unseren Eltern und unseren Bezugspersonen, daher sind Kinder besonders bemüht, diese Erwartungen auch zu erfüllen.

Im Grunde genommen, spricht eigentlich auch nichts dagegen, dass wir die Erwartungen anderer Menschen erfüllen und diesen einen Gefallen tun.

Allerdings sollte man darauf achten, dass dabei die eigenen Bedürfnisse und Interessen nicht in Vergessenheit geraden. Man darf nicht vergessen, dass man nur wirklich für andere da sein kann, wenn die eigenen Bedürfnisse befriedigt wurden.

Im Mindset selbstbewusster Menschen werden Sie dies nicht finden, denn diese Menschen kümmern sich um ihre eigenen Bedürfnisse und Interessen - natürlich möglichst so, dass keine Konflikte mit anderen Personen entstehen und niemand dadurch einen Nachteil hat.

Wer selbstbewusst ist, der weiß, dass er oder sie durchaus auch einmal das Recht hat, „nein" zu sagen. Er weiß ebenfalls, dass dieses „Nein" nichts über die andere Person aussagt oder die Beziehung zur anderen Person. Es bedeutet einfach nur, dass man im Moment andere Bedürfnisse hat, die Priorität haben. Somit ist auch die Fähigkeit, „nein" zu sagen, ein Ausdruck des „Sich-seines-Selbst-bewusst-Seins". Wer sich selbst kennt, der bleibt sich auch treu, selbst wenn andere etwas ganz anderes von ihm erwarten. Hier geht es genau wie beim Durchsetzungsvermögen aber nicht um puren Egoismus, sondern darum, die eigenen Grenzen kennenzulernen und für sich selbst einzustehen.

Die Perspektive anderer soll dabei nicht ignoriert oder übergangen werden. Natürlich sollen Sie sich auch damit auseinandersetzen, jedoch auf eine Art und Weise, bei der eigene Bedürfnisse und Interessen im Vordergrund stehen. Selbstbewusste Menschen haben keine Angst, anderen nicht zu genügen, wenn Sie einmal „nein" sagen.

Wichtig ist hier auch die Perspektive: Selbstbewusste Menschen betrachten Dinge von ihrer eigenen, persönlichen Perspektive aus und nicht aus der Perspektive anderer Menschen. Im Alltag gibt es hier sicher auch viele Gelegenheiten, in denen Sie dies üben können. Gönnen Sie sich einfach einmal etwas und tun Sie einmal etwas für sich!

Achten Sie einfach mal darauf, wie Sie sich selbst fühlen, wenn Sie einmal für Ihre eigenen Interessen und Bedürfnisse einstehen. Was macht dies mit Ihnen? Fühlen Sie sich dann schlecht, weil Sie eine Bitte abgelehnt haben, oder erleichtert, weil Sie es geschafft haben, einmal für sich selbst einzustehen? Halten Sie sich immer deutlich vor Augen, dass es in Ihrer eigenen Verantwortung steht, wie Sie mit sich selbst und Ihren Bedürfnissen und Interessen umgehen. Sie haben die Verantwortung für Ihr eigenes Leben und jede mehr oder weniger selbstbewusste Person sollte es schaffen, damit umzugehen.

ZEIGEN SIE, WAS IN IHNEN STECKT!

Bisher haben wir hier im Buch gelernt, dass selbstbewusste Menschen sich nicht nur ihrer selbst bewusst sind, sondern dies auch nach außen ausstrahlen, sodass sie auf andere Menschen auch so wirken. Sie sind hier eingeladen, immer zu sich selbst zu stehen und mehr noch: Wenn Sie sich bisher immer im Hintergrund gehalten haben und lieber nicht so viel Raum eingenommen haben, dann sollten Sie nun damit aufhören. Sie sollten lernen, zu all Ihren Stärken, Schwächen und Grenzen zu stehen, denn das sind Sie nun einmal als Mensch.

Treten Sie heraus aus Ihrem Schatten und zeigen Sie der Welt, wer Sie sind! Lösen Sie sich von der Angst, es jedem recht machen zu wollen und andere zu enttäuschen und ihnen nicht zu gefallen. Dies ist IHR EIGENES Leben, das sollten Sie nicht vergessen. Wenn Sie glücklich und erfolgreich sein wollen, dann müssen Sie lernen, fest an sich zu glauben und sich der Welt so zu zeigen, wie Sie sind. Scheuen Sie sich nicht, denn Sie haben nichts zu verlieren. Indem Sie der Welt authentisch gegenüberstehen, Ihre Ziele verfolgen und für Ihre Interessen einstehen, können Sie nur gewinnen! **Wenn Sie Ihr Leben so gestalten, werden Sie**

- selbstbewusster werden.
- den Herausforderungen des Alltags gewachsen sein.
- beruflich Erfolg haben.

- ein tiefes Vertrauen gegenüber sich und der Welt entwickeln.
- erfüllte Beziehungen führen.
- besser mit Ihren Kollegen auskommen und
- alles erreichen, was Sie möchten.

WIE KANN DAS SELBSTBEWUSSTSEIN GESTÄRKT UND GEFÖRDERT WERDEN?

Wenn Sie nun feststellen, dass Sie genau dieses Leben führen möchten, dann haben Sie schon viel erreicht und Ihr Mindset schon einmal gut ausgerichtet. Natürlich werden immer wieder Unsicherheiten kommen: Ist dies alles wirklich so einfach? Kann ich das tatsächlich erreichen? Wie und wann soll ich damit beginnen, ein anderes Leben zu führen? Was werden meine Freunde sagen, wenn ich nun ab und zu auch mal einen Gefallen ablehne? Auch bei Krisensituationen kommen uns sicher manches Mal Zweifel, dass wir all den Dingen nicht gewachsen sind.

Die einfache Antwort auf all die Fragen lautet: Ja, Sie können es schaffen, und ja, auch Ihre Freunde werden verstehen, wenn Sie einmal keine Zeit haben und einen Gefallen ablehnen. Sicher bedarf es gerade am Anfang noch etwas Übung, aber Sie werden mit der Zeit sicherer werden und wenn Sie es wirklich wollen, können Sie zu einer Person werden, die selbstbewusst ist und für die eigenen Bedürfnisse geradesteht. Sie benötigen dazu nur ein zielgerichtetes Mindset. Hier wollen wir ein paar Methoden und Ansätze beleuchten, die Ihnen dabei helfen, Ihr Mindset richtig auszurichten und selbstbewusst zu werden.

Betrachten der eigenen Person (Eigenschaften positiv hervorheben)

Halten Sie sich die Zeit frei und führen Sie regelmäßig diese Übung durch: Nehmen Sie sich bewusst ein paar Minuten Zeit (und planen Sie dies auch in Ihren Tagesplan ein) und betrachten sich selbst, stellen Sie sich, wenn Sie möchten, dazu vor einen Spiegel und schauen sich dabei genau in Ruhe an. Mustern Sie Ihr Gesicht und schauen Sie sich in die Augen. Dabei können Sie sich auch ruhig einmal etwas anlachen. Lenken Sie Ihren Blick dann von oben nach unten, erst auf Ihre Haare, dann auf Ihre Augen, Ihre Nase, Ihren Oberkörper, dann Ihre Beine und Füße. Schauen Sie sich dabei ruhig auch jeden Leberfleck an, denn er gehört zu Ihnen und ist ein Teil von Ihnen. Auch Ihren Rücken schauen Sie sich an, betrachten Sie sich also auch ruhig einmal von hinten.

Wichtig ist, dass Sie beim Betrachten den Fokus auf das Positive lenken. Bei dieser Übung sollen Sie Dinge an Ihrem Körper nicht kritisch betrachten - im Gegenteil -, sondern Positives an sich erkennen. Sie sollen sehen, welche kleinen und großen Schönheiten Sie haben. Vielleicht haben Sie wunderschöne blaue Augen und haben es bisher nur noch nicht wahrgenommen? Was mögen Sie besonders an sich? Vielleicht sogar diesen einen, markanten Leberfleck, der Sie unverkennbar macht?

Vielleicht ist es auch Ihr gut gebauter Oberkörper oder ein besonders gelungenes Tattoo? Jeder Mensch hat etwas Schönes und Besonderes an sich. Finden Sie Ihre Schönheiten! Und denken Sie dabei auch daran, dass Schönheit relativ ist: Was andere schön finden, muss noch lange nicht zu Ihnen passen. Zu Ihnen passt, was einzig und allein Ihnen gefällt und womit Sie sich wohlfühlen. Machen Sie sich Ihre Einzigartigkeit bewusst und betrachten Sie sich selbst mit liebevollen Augen.

Analyse des eigenen „Ich“ (Was gelingt mir besonders gut/ was kann ich gut?)

Diese Analyse kann Sie dabei unterstützen, Ihre Stärken zu finden und den Fokus darauf zu legen. Mithilfe einer solchen Analyse schaffen Sie ein tolles Tool zur Entwicklung eines starken Mindsets, denn Sie sind sich so bewusst, was Sie können. Wenn Sie möchten, können Sie auch vertraute Personen einmal fragen, was diese an Ihnen so schätzen. Auch dies wird Sie weiterbringen.

Das Ganze sollten Sie dann in einer Liste mit Ihren besonderen Stärken und Begabungen aufschreiben, wie z. B.:

- Ich bin handwerklich sehr begabt.
- Ich kann gut zeichnen.
- Ich kann gut einparken.
- Ich mache die beste Pizza in der Stadt.
- Mir fällt sofort auf, wenn eine andere Person eine neue Frisur/ ein neues Kleidungsstück hat.
- Ich kann gut Klavier spielen.
- Mir fällt sofort auf, wenn es anderen nicht so gutgeht.
- Ich habe einen grünen Daumen. usw.

Es muss nicht immer etwas Großes sein. Sie werden erstaunt sein, wie viele positive Eigenschaften Sie hier finden werden! Diese Liste mit Ihren Stärken sollten Sie immer vor Augen haben und regelmäßig ergänzen, denn es ist die Grundlage für ein positiv ausgerichtetes Mindset.

Tägliche Bestätigungen

Ihr Leben wird sich dahin ausrichten, wohin Sie Ihre Aufmerksamkeit lenken. Das wissen Sie schon. Dieses Wissen können Sie nun nutzen, um sich selbst ein wenig zu „manipulieren“ oder, um es anders auszudrücken, Ihren Fokus gezielt auszurichten. Sie können Ihren Fokus so gezielt in die Richtung lenken, in die Sie ihn haben wollen, und zwar in Richtung Erfolg, Glück, Liebe und Zufriedenheit.

Besonders gut eignen sich hierzu Bestätigungen oder Affirmationen, die Sie täglich zu sich sagen können und die Sie sich täglich vor Augen führen können. Die können beispielsweise Sätze sein wie:

- Ich bin liebenswert.
- Ich erschaffe mir die Welt so, wie ich es möchte.
- Ich werde Erfolg haben.
- Das Leben bietet mir viele Chancen und Möglichkeiten
- Ich bin geduldig mit mir. usw.

Schauen Sie, ob Sie sich mit einigen dieser Affirmationen anfreunden können. Ansonsten können Sie natürlich auch Ihre ganz persönlichen Affirmationen erstellen, die Sie dann auch am besten täglich zu sich selbst sagen können. Hören Sie hier fest in sich hinein:

- Was brauchen Sie?
- Worauf wollen Sie Ihr Augenmerk richten?
- Was wünschen Sie sich?

Inspirationen dazu können Sie beispielsweise auch im Internet finden. Dort - z. B. bei YouTube - gibt es eine Vielzahl dieser Affirmationen in akustischer und schriftlicher Form, von denen Sie sich inspirieren lassen können. Finden Sie die Bestätigungen, die zu Ihnen passen, und verinnerlichen Sie diese dann. Dies können Sie beispielsweise tun, indem Sie die Affirmationen an eine für Sie immer sichtbare Stelle daheim oder ins Büro hängen. Sie können das Aufsagen von Affirmationen auch zu Ihrem festen Ritual machen, welches Sie beispielsweise nach dem Aufstehen oder vor dem Zubettgehen „zelebrieren".

So schaffen Sie es, Ihren Fokus bewusst auf etwas Positives zu lenken. Je öfter Sie dieses Ritual nun wiederholen, desto schneller werden Sie es auch verinnerlichen, denn wir Menschen lernen nun mal durch Wiederholung. Dies bedeutet, dass sich langfristig dann Ihr ganzer Fokus ins Positive verschiebt, wenn Sie an der Bestätigungs-Routine dranbleiben. Dann wird es Ihnen auch zunehmend leichter fallen, Ihr Leben positiv wahrzunehmen.

Sport

Wie hier schon gesagt wurde, so ist auch Sport eine wunderbare Möglichkeit, sich in eine positive Stimmung zu versetzen. Sport vermittelt nicht nur kurzfristig ein Hochgefühl, sondern trägt auch dazu bei, langfristig das eigene Selbstvertrauen zu steigern und fördert zudem soziale Kontakte, wenn man gemeinsam Sport ausübt.

Sport ist ein wahrer Stresskiller und hilft, im Alltag Stress zu mindern und abzubauen. Regelmäßige Sporteinheiten werden dazu führen, dass Sie sich insgesamt besser fühlen und dass Sie belastbarer sind. Sie werden besser „bei sich bleiben" können und ein ganz anderes Selbstwertgefühl bekommen. Ganz egal, welchen Sport Sie ausüben - ob Joggen, Schwimmen, Tanzen, Fußballspielen oder Radfahren - jede Sportart fördert Ihr Körpergefühl auf ihre Weise. Sport stärkt Ihren Körper und hilft Ihnen außerdem dabei, mehr auf die Signale Ihres Körpers zu achten.

Regelmäßiger Sport führt außerdem zu einer anderen, aufrechten Körperhaltung, die beispielsweise auch in Gesprächen wichtig ist, da Sie so viel selbstbewusster erscheinen. Bei Gesprächen werden Sie auch den Boden unter Ihren Füßen besser spüren können, was Ihnen mehr Sicherheit verleiht. Vielleicht sind Sie nun auch besonders stolz auf Ihren Körper oder mögen ihn zumindest mehr, wenn Sie durch Sport einige Kilos verlieren oder Ihr Körperbau insgesamt stärker und muskulöser wirkt.

Kurzum: Auch Sport stärkt Ihr Selbstbewusstsein ungemein und fördert Ihre körperliche und mentale Gesundheit. Dies wiederum wirkt sich auf Ihr

Selbstwertgefühl aus, da Sie sich durch Sport in der Regel viel stärker und präsenter fühlen. Überlegen Sie einfach einmal, welcher Sport am besten zu Ihnen passt. Soll es lieber eine Einzel- oder eine Mannschaftssportart sein? Sind Sie lieber in einer Halle oder lieber draußen im Freien?

Es gibt eine riesige Palette von Sportarten, und sicher ist hier auch etwas für Sie dabei. Dabei können es ruhig auch ausgefallene Sportarten wie etwa Seilspringen oder Klettern sein. Hauptsache, Sie haben daran Freude.

Reflexion der eigenen Tage (Tagebuch schreiben)

Auch eine Reflexionsroutine kann Ihnen sehr dabei helfen, Ihr Selbstbewusstsein dauerhaft zu steigern. Dies können Sie z. B. in Form eines Tagebuchs tun. Richten Sie sich dazu am besten ein festes (abendliches) Zeitfenster ein, das Sie für eine mehr oder weniger ausführliche Reflexion Ihres Tages nutzen.

Dabei können Sie sich an diesen Fragen orientieren:

- Wie geht es Ihnen gerade im Moment?
- Wie ist Ihr Tag verlaufen?
- Was ist Ihnen heute besonders gut gelungen?
- Sind Sie zufrieden mit sich?
- Was möchten Sie beim nächsten Mal anders machen?
- Welche positiven Eindrücke haben Sie von diesem Tag?

Wenn Sie Ihre Tage langfristig so reflektieren, gewinnen Sie an Selbstbewusstsein und an Erfahrung, denn wenn Sie noch einmal in eine ähnliche Situation kommen, können Sie sich vielleicht in der Situation angemessener verhalten. Sie lernen, sich besser zu verstehen, und Sie verstehen Ihre Perspektive auf die Welt, Ihre Verhaltensmuster, Ihre Bedürfnisse und Ziele besser. Auch hier können Sie sich beim Schreiben schon einmal ganz praktisch darin üben, das Positive an einer Situation zu sehen und kleine Erfolge und schöne Erlebnisse schätzen zu lernen.

Belohnungen

Die bewusste Tagesreflexion können Sie auch bewusst mit einer Belohnung verknüpfen, indem Sie sich ebenfalls bewusste (kleine) Belohnungen gönnen. Vielleicht haben Sie bei der Reflexion erkannt, dass Sie in dieser Woche wirklich sehr viel geleistet haben. Vielleicht haben Sie auch dort gemerkt, dass Sie gerade eine wichtige Hürde auf dem Weg zu einem Ihrer Ziele genommen haben. Was auch immer, ein wohlwollender Blick auf sich selbst verdient besondere Beachtung - eine Belohnung!

Gönnen Sie sich etwas, das Ihnen Freude bereitet, nur für sich! Es muss auch nichts Großes sein, oft genügt z. B. schon ein leckeres Stück Kuchen oder eine Eiscreme. Auch einfach mal eine Pause zu machen und fünf Minuten die „Seele baumeln zu lassen“, kann eine Belohnung sein. Nur Sie allein gestalten Ihr Leben so, wie Sie es möchten.

Belohnungen signalisieren Ihnen auch, dass Sie etwas wert sind, und führen Ihnen dies immer wieder vor Augen. Sie setzen sich durch die Belohnung selbst ein Zeichen, dass Sie zu Ihren kleinen und großen Leistungen stehen und diese auch anerkennen können, was dann wieder - Sie ahnen es - auch Ihr Selbstwertgefühl steigert. Was gibt es Schöneres als eine Belohnung, und dies auch noch von der eigenen Person! Hören Sie in sich hinein, womit Sie sich belohnen können. Da finden Sie sicher etwas!

Die Sprache des eigenen Körpers

Wie schon im vergangenen Kapitel angekündigt, kommen wir hier noch einmal zum Thema Körpersprache. Ob Sie es wissen oder nicht: Ihr Körper spricht Bände und verrät viel über Sie. An der Körpersprache zeigt sich meist sehr deutlich, wie der Mensch selbst zu sich und seiner Umwelt steht. Über unsere Körperhaltung, Mimik und Gestik senden wir oft viele unbewusste Signale an unser Umfeld.

Wenn wir daran denken, welche Macht unsere Körpersprache auf unser eigenes Selbstwertgefühl und die Ausgestaltungen unserer Beziehungen hat, dann können wir starten, diese auch gezielt einzusetzen, um unsere Vorhaben zu erreichen und andere Menschen davon zu überzeugen, dass unser Vorschlag eben gut ist und wir genau richtig für den Job sind.

Was der Körper über Sie aussagt:

Wenn Sie sich schon einmal auf ein Vorstellungsgespräch vorbereitet haben, dann wissen Sie, dass man es sich antrainieren kann, wie man vor anderen auftritt, und dass man daran arbeiten kann, wie man auf andere Menschen wirkt. Schließlich ist ein Vorstellungsgespräch nichts anderes, als sich selbst zu „verkaufen" und zu verdeutlichen, warum man gerade der richtige Mann oder die richtige Frau für den Job ist.

Wenn wir wie bei einem Vorstellungsgespräch eine fremde, unbekannte Person von uns selbst überzeugen möchten, versuchen wir natürlich, so selbstbewusst wie möglich zu sein und unsere Stärken möglichst hervorzuheben. Neben den üblichen Höflichkeitsformeln und natürlich einem gepflegten Äußeren raten Experten z. B. auch dazu:

- Augenkontakt zu halten.
- Auf einen angemessenen Händedruck zu achten (nicht zu stark, da dies als Dominanz verstanden werden könnte, und nicht zu schwach, da dies als Unsicherheit interpretiert werden könnte).
- Den Körper offen und aufrecht zu halten, keine Arme verschränken (da dies Unsicherheit ausdrücken könnte), richtig auf dem Stuhl zu sitzen (da auf dem Stuhl zu wippen als Disziplinlosigkeit gewertet werden könnte).

Sie werden sagen: Ja, das ist ein Vorstellungsgespräch, eine künstliche Situation. Aber dennoch: Dieses Wissen wenden wir täglich im Alltag an, und zwar permanent, zumindest, wenn wir die Signale wahrnehmen und deuten wollen, die uns andere Menschen senden. Ein Mensch, der mit gesenktem Blick und hängenden Schultern an Ihnen vorbeigeht, wird eine ganz andere Wirkung auf Sie haben als ein anderer Mensch, der Ihnen direkt in die Augen sieht und Sie anlacht. Letztere wirken sicher viel sympathischer und selbstbewusster auf Sie, richtig?

Wie werden Sie aber zu so einer selbstbewussten Person, die aufrecht und selbstbewusst durchs Leben schreitet? Hier gibt es ein paar einfache Tipps, um Ihr Auftreten zu optimieren:

Eine kraftvolle Stimme

Nicht selten entscheidet die Art und Weise, wie jemand spricht, darüber, ob wir dieser Person gut zuhören können oder ob es uns schwerfällt, diese Person zu verstehen. Dies können Sie zu Ihrem Vorteil nutzen und eine kraftvolle Stimme entwickeln. Dies bedeutet:

- Ein gemäßigtes Sprachtempo finden und nicht zu schnell oder zu langsam zu reden.
- Laut und deutlich zu reden.
- Bewusste Sprachpausen und Betonungen einzusetzen, wenn Sie etwas besonders hervorheben möchten.

Trainieren Sie Ihre Stimme, am besten vor dem Spiegel. Nehmen Sie sich selbst auf und schauen Sie sich das Video an oder bitten Sie einen guten Freund oder Ihren Partner, Ihnen zuzuhören und Ihnen eine Rückmeldung zum Klang Ihrer Stimme zu geben. Wenn Sie Ihre Stimme gezielt fördern wollen, können Sie auch beispielsweise in einem Chor oder einer Band singen oder ein paar Stunden bei einem Stimmtrainer buchen. Die lohnt sich auf jeden Fall.

Ein gepflegtes Äußeres

Achten Sie in jedem Fall auch auf ein gepflegtes Äußeres, denn in der Regel zählt nun einmal der erste Eindruck. Die ersten Sekunden entscheiden, welchen Eindruck wir von einer Person haben und ob wir diese Person sympathisch finden oder nicht. Das menschliche Gehirn ordnet neue Reize und Menschen möglichst schnell bekannten Strukturen zu. Wir nennen dies auch „Schubladen-Denken". Begegnet uns nun eine neue Person, so ordnen wir diese je nach Erfahrung und unserem Mindset in eine bestimmte Schublade.

Dies geschieht automatisch und unbewusst und ist an sich auch nicht ungewöhnlich. Nutzen Sie dieses Wissen, indem Sie ganz bewusst einen guten Eindruck von sich vermitteln. Da der erste Eindruck, den andere Menschen von uns bekommen, sich im Allgemeinen auf das äußere Erscheinungsbild bezieht, sollten Sie darauf Wert legen, gepflegt zu sein. Das bedeutet, zumindest ordentlich, sauber und dem Anlass entsprechend gekleidet zu sein. Es muss nicht immer teure Markenkleidung sein, und kleine „Fehler" kann man oft gut kaschieren (z. B. mit Make-up oder einem bestimmten Schnitt bei Kleidern) und persönliche Vorzüge durch passende Kleidung hervorheben. Auch Ihre Frisur sollte gepflegt sein. Wie heißt es so schön: „Kleider machen Leute", und Sie werden schnell feststellen, wie Ihr äußeres Erscheinungsbild andere Menschen beeinflusst. Bei einem gepflegten Äußeren gehen fremde Personen sicher eher auf Sie zu und lächeln Sie an. Sie wirken attraktiver, was sich auch auf Ihr Selbstbewusstsein auswirkt.

Freundschaften pflegen und Sport treiben

Sport, das kennen Sie auch bereits, beeinflusst Ihr Körpergefühl positiv. Regelmäßiger Sport fördert Ihr Körpergefühl und Ihre Haltung und dadurch auch Ihr gesamtes Auftreten vor anderen Menschen. Zudem ist es auch noch förderlich für Ihre Gesundheit. Sie sollten, wann immer es geht, Sport und Bewegung in Ihren Alltag einbauen. Das kann auch bedeuten, dass Sie vielleicht einfach mal eine Haltestelle früher aussteigen und den Rest des Weges laufen oder dass Sie statt des Fahrstuhls die Treppe nehmen.

Auch die Pflege von sozialen Kontakten steigert Ihr Selbstwertgefühl enorm. Es wurde bewiesen, dass Menschen mit guten sozialen Kontakten nicht nur weniger gestresst und zufriedener sind, sondern dass sie auch länger leben. Freundschaften und Beziehungen können Ihnen Kraft geben, denn dort können Sie sich so zeigen, wie Sie sind und auch mal einen Rat einholen. Besonders in schweren Zeiten können Freunde eine wertvolle Hilfe und Ressource sein. Man fühlt sich weniger allein und wirkt so wieder ganz anders auf fremde Leute. Daher sollten Sie Freundschaften auf jeden Fall pflegen, denn es lohnt sich sehr und wird sich positiv auf Ihr Mindset auswirken.

Sport und Freundschaften lassen sich natürlich auch verbinden, indem Sie beispielsweise mit Freunden Sport treiben (z. B. gemeinsam laufen, zusammen ins Fitnessstudio gehen) oder beim Sport neue Leute kennenlernen.

Glück haben und empfinden

Die Redewendung *„Jeder ist seines eigenen Glückes Schmied"* haben Sie sicher schon einmal gehört und sie kommt nicht von ungefähr. Heißt dies nun, dass jeder für sein eigenes Glück sorgen muss?

Wird nicht Glück im Allgemeinen als etwas gesehen, das mehr oder weniger zufällig in unser Leben tritt? Dem wir zwar etwas nachhelfen können, aber an dem wir letztlich doch nichts ändern können? Wir wünschen uns oft „Viel Glück" oder sagen „Da haben wir aber noch einmal Glück gehabt!" Wie Sie es sich sicher vorstellen können: Ja, wir haben Einfluss auf Glück in unserem Leben!

In der Wissenschaft kennt man sogar den eigenen Forschungszweig der sogenannten Glücksforschung. Glück wird hier als ein „positives Wohlempfinden, das für jeden etwas anderes bedeuten kann" definiert. Wenn man Glück hat, dann treten außerdem positive Gefühle vermehrt auf und gleichzeitig treten negative Empfindungen mehr und mehr in den Hintergrund.

Empfinden wir Glück, wird in unserem Gehirn mehr das Hormon Dopamin ausgeschüttet, was uns automatisch euphorisch fühlen lässt und unsere Aufmerksamkeit steigert. Dies kommt noch von der langen Evolutionsgeschichte des Menschen, aber schon damals kannte man dieses Phänomen, dass „Glaube Berge versetzen kann". Nicht umsonst gibt es ja auch in der Medizin den sogenannten „Placeboeffekt", bei dem eine Wirkung eintritt, ohne dass das entsprechende Medikament genommen wurde, nur unter der Annahme, dass es verabreicht wurde. Der Grund, warum unser Gehirn bei Glücksgefühlen mehr Dopamin ausschüttet, ist der, dass wir erlernen, was uns guttut, und dass wir dies, wenn nötig, wiederholen können. Zu viele Glücksgefühle sind jedoch auch nicht gut für uns. Bei Ratten konnten Wissenschaftler im Versuch nachweisen, dass eine permanente Ausschüttung von Glückshormonen sie in eine Art Rauschzustand versetzen kann. Dies mag auf den ersten Blick sehr schön sein, nur vergessen die Tiere vor lauter Glücksrausch, sich um ihre Grundbedürfnisse wie Essen (Vorräte anlegen), Trinken und Schlafen zu kümmern.

Wir Menschen sollten daher Glück bewusst in kleinen, regelmäßigen und verträglichen Dosen genießen. Aber wie erschaffen wir es uns nun, dieses Glück? Gibt es da so eine Art Patentrezept? Auf jeden Fall können Sie an Ihrem Fokus arbeiten und diesen darauf lenken, Glück in Ihr Leben zu ziehen. Wie Sie dies tun können, wird in diesem Kapitel behandelt.

POSITIVITÄT UND OPTIMISMUS

Eine positive und optimistische Lebenseinstellung ist der Schlüssel zum Glück, denn wer positiv denkt, lenkt seinen Fokus meist ganz automatisch auf das Gute. Wenn Menschen ihren Fokus auf das Gute legen, dann können sie glückliche Begegnungen und Momente auch eher sehen und annehmen, denn dies ist eine wesentliche Voraussetzung, um Glück zu empfinden: Man muss mit sich selbst so weit im Reinen sein, dass man auch bereit ist, das Glück zu sehen und anzunehmen.

Nicht umsonst sagt man oftmals „Dieser Mensch steht seinem eigenen Glück im Wege." Oft ist das Glück schon da, nur wir sehen es nicht. Wir sehen nicht, dass der ideale Partner vielleicht schon lange darauf gewartet hat, seine Liebe zu gestehen, oder dass neue Jobangebote veröffentlicht werden. Am Anfang wurde hier in dem Buch gesagt, dass jeder Mensch seine eigene, individuelle Mindset-Brille besitzt.

Jeder Mensch hat seine eigene Perspektive auf die Welt. Diese ist entscheidend dafür, welche Möglichkeiten, Ereignisse und Reize wir in unseren Fokus nehmen und wahrnehmen. Mit einer optimistischen Haltung kann man daher das kleine oder große Glück im Leben viel besser sehen und erleben. Mit einer negativen Mindset-Brille wird dies jedoch oftmals übersehen und gar nicht wahrgenommen: Sie „vergeben" Ihre Chancen auf Glück.

Vorteile für die eigene Gesundheit

Ein positives Mindset ist nicht nur sinnvoll im Hinblick auf beruflichen und privaten Erfolg. Mit einer optimistischeren Lebenseinstellung fördern Sie dazu Ihre Gesundheit und können so sogar teilweise Einfluss auf Ihre Lebensdauer nehmen. Optimismus wirkt sich beispielsweise positiv auf den Blutdruck und den Blutzuckerspiegel aus und senkt das Risiko, an einer Herzkreislauferkrankung zu leiden.

Neu ist der Zusammenhang zwischen Körper, Geist und Seele nicht, und mit der sogenannten Salutogenese (Gesundheitsförderung, Erkennen von Ressourcen eines Menschen) hat dies sogar mittlerweile schon Einzug in die Krankenpflege gehalten. Die Psychosomatik beispielsweise ist eine eigene medizinische Ausrichtung, die es sich zur Aufgabe gemacht hat, den Zusammenhang zwischen körperlichen Beschwerden und psychischen Phänomenen zu begreifen.

Stress, das wissen wir heute, löst zum Beispiel bei uns eine Vielzahl von Erkrankungen aus, da unser Körper bei Stress mehr Cortisol produziert. Cortisol ist ein Stresshormon, das unser Immunsystem hemmt. Mit einer grundsätzlich positiven Lebenseinstellung sind Sie auch weit weniger anfällig für Stress und andere negative Faktoren. Damit halten Sie den Hormonspiegel Ihres Körpers im Gleichgewicht, der es Ihnen mit Vitalität und Gesundheit dankt.

Das Umsetzen positiver Gedanken

Bisher haben Sie gelernt, wie Sie Ihr Selbstbewusstsein steigern und Glücksgefühle anregen können. Spaß, Sport und Ernährung können Sie hier bewusst einsetzen, um Glücksgefühle hervorzurufen. Auch soziale Beziehungen können dazu beitragen. Sie wissen, dass Sie sich selbst etwas Gutes tun können, indem Sie Ihr Selbstbewusstsein stärken. Zum Beispiel, indem Sie Ihr Augenmerk auf positive Aspekte und Erlebnisse richten. Außerdem nehmen selbstbewusste Personen sich selbst viel positiver wahr und vermitteln dies auch an andere Menschen. Man kann also zusammenfassend sagen: Wer positiv denkt, der handelt auch positiv. Wer sich selbstbewusst fühlt, präsentiert sich auch so nach außen.

Die Entwicklung einer dauerhaft positiven Perspektive ist ein Prozess. Je mehr Sie sich damit beschäftigen, desto mehr wird auch Ihre Umwelt Ihre Art zu denken bemerken. Ein optimistisch geprägtes Mindset kann tatsächlich unser gesamtes Leben umgestalten. Sie müssen sich immer im Klaren darüber sein, dass Sie Ihre Gedanken über sich und die Welt in Ihre Umwelt ausstrahlen. Sie sind sich dessen vielleicht nicht bewusst, aber es geschieht ständig und Ihre Umwelt reagiert darauf.

Das Gesetz der Anziehung und der positiven Energie

Haben Sie schon einmal von dem Gesetz der Anziehung gehört? Der wesentliche Gedanke dahinter ist „Wie innen, so außen." Dies bedeutet, dass die Gefühle und die Gedanken, die wir in uns haben, maßgeblich die Dinge beeinflussen, die in unserem Leben passieren.

Dieses Wissen können Sie nutzen, um bewusst Ihren Fokus auf das Positive zu lenken. Indem Sie dies tun, nehmen Sie Ihr Leben nicht nur viel positiver wahr, sondern Sie sind auch viel offener für all die schönen Momente und Dinge und können die Möglichkeiten und Chancen in Ihrem Leben viel besser wahrnehmen und nutzen. Zudem strahlen Sie die Positivität auch auf Ihre Umwelt aus, die darauf entsprechend reagiert. Denken Sie hier unbedingt auch daran, welche Wirkung Ihr Auftreten und Ihre Körperhaltung auf unbekannte Menschen haben. Menschen mit einem aufrechten Gang, einem Lächeln im Gesicht und einer offenen Art werden von ihrem Umfeld eine andere Reaktion erhalten als ein in sich zusammengesunkener, ausweichender und traurig aussehender Mensch.

All Ihre Gefühle, inneren Gedanken, Befürchtungen und Wünsche strahlen Sie mehr oder weniger auch auf Ihr Umfeld aus. Und Ihr Umfeld reagiert natürlich auf diese „Schwingungen", indem es Sie genauso wiedergibt, frei nach dem Motto „Wie man in den Wald hineinruft, so schallt es hinaus." Mit einem miesepetrigen, schlecht gelaunten Menschen möchte kaum jemand länger reden oder zuhören.

Wer Gutes in sich trägt, dem geschieht auch Gutes. Wer negative Gedanken und Vorstellungen hegt, der zieht auch Negatives an. So einfach ist diese Formel. Eine grundlegende positive Perspektive ist daher unbedingt nötig, wenn Sie Ihr Mindset in Richtung Erfolg, Glück und Zufriedenheit ausrichten möchten.

NEGATIVITÄT

So, wie ein positives Mindset bewirkt, dass wir Glück und Erfolg anziehen, so kann ein negatives Mindset genau das Gegenteil bewirken. Ein negatives Mindset führt zu einer Abwärtsspirale, in die wir immer mehr hineingeraten und aus der wir so leicht nicht mehr herauskommen. Bei einer pessimistischen Weltsicht legen wir unser Augenmerk auf all die schlechten Entwicklungen und negativen Aspekte, sowohl andere als auch uns selbst betreffend. Positive Ereignisse geraten dabei zu nehmend in den Hintergrund. Bei einem negativen Mindset haben wir weder ein besonders positives Bild von uns selbst, noch erkennen wir positive Entwicklungen. Positive Erlebnisse nehmen wir kaum wahr. Dies bestätigt dann wiederum unsere negative Weltsicht. Aus diesem Kreislauf herauszufinden, ist gar nicht so leicht, und es verlangt von uns eine bewusste Neuausrichtung unserer Perspektive. Aber es ist nicht unmöglich, und wenn Sie es wollen, dann schaffen Sie dies auch!

Wie Negativität Menschen beeinflusst und herunterzieht

Eine eher negative Denkweise prägt die Wahrnehmung Ihres Alltags enorm. Wenn Sie Dinge nur durch die negativ geprägte Brille sehen, dann nehmen Sie positive Dinge womöglich gar nicht wahr und übersehen diese im Alltag. Sicher kennen Sie dies, und wahrscheinlich haben Sie auch schon Tage erlebt, an denen Sie am liebsten gar nicht aufgestanden wären und an denen Sie bereits beim Aufstehen schlechte Laune hatten. Im Lauf des Tages scheint sich Ihr negatives Bild dann immer mehr zu bestätigen: Es regnet, Sie verpassen den Bus, der Kollege grüßt unfreundlich, das Kantinenessen ist schlecht und der Chef bestellt Sie ins Büro etc.

Kommt Ihnen das bekannt vor? Halten Sie es für möglich, dass an diesem Tag doch Dinge passiert sind, die positiv sind, die Sie vielleicht gar nicht wahrgenommen haben: der Regenbogen, der freundliche Gruß des Nachbarn, die gut schmeckende Nachspeise etc.

Bei Ihrer negativen Sichtweise haben Sie vielleicht gar nicht mitbekommen, dass jemand für Sie einen Platz in der Kantine freigehalten hat, dass Sie auf dem Weg zur Arbeit angelächelt wurden und viele andere kleine Dinge. Wenn wir unsere Negativ-Brille schon am Morgen aufsetzen, dann kommt uns in der Regel der ganze Tag fürchterlich vor. Vielleicht hätte man viele Dinge an dem Tag eher wahrgenommen, wenn man ausgeschlafen wäre oder die Sonne scheinen würde. Denken Sie auch so?

Manchmal sind es aber auch gar nicht wir selbst, die mit der Negativ-Brille durch den Tag laufen, sondern wir werden von anderen Menschen mit negativer Sichtweise beeinflusst. Beispielsweise, indem diese Menschen uns etwas vorjammern („Zu Hause ist so eine Unordnung, das glauben Sie nicht!“ “Ich habe so viel zu tun, ich weiß schon gar nicht mehr, wo mir der Kopf steht!“) oder uns nur schlechte Nachrichten erzählen. Auch kann es sein, dass es in unserem Umfeld Menschen gibt, die uns bewusst kritisieren und angreifen.

Menschen mit pessimistischer Weltsicht betrachten auch ihr Umfeld auf genau diese Weise. Das zeigt sich dann an dem Verhalten gegenüber anderen Menschen. Sollten Sie negative Menschen in Ihrem Umfeld haben, dann sollten Sie gut auf sich achten, denn es ist umso schwieriger, positiv zu denken, wenn Sie in Ihrem Umfeld vor allem negativ denkende Personen haben. Fördern Sie also Kontakte zu Menschen, von denen Sie wissen, dass diese eine positive Weltsicht haben.

Mit Kritik umgehen lernen

Jeder Mensch wird sicher auch mit Kritik von außen konfrontiert werden, das ist ganz normal. In einem ersten Schritt sollten Sie sich dann erst einmal Folgendes ins Bewusstsein rufen: Oft ist Kritik nicht gerecht und unbegründet. Manchmal stammt ein kritisches Wort auch nur aus der kritischen Perspektive einer anderen Person. Bedenken Sie, dass Kritik an Ihrer Person auch immer eine Aussage über die Weltsicht des Kritikers preisgibt.

Denken wir beispielsweise mal an einen kritischen Chef, der mit Ihnen recht unbarmherzig und unfair umgeht. Dann sollten Sie sich klarmachen, dass auch er seine Welt aus einer sehr skeptischen Perspektive betrachtet. Er ist dann sicher auch kritisch mit sich selbst und erwartet von sich sehr viel, was für ihn auch viel Stress bedeutet. Oft sind diese Menschen dann auch sehr perfektionistisch und stehen sich manchmal selbst im Weg. Dieses Wissen kann Ihnen helfen, Ihre positive Attitüde beizubehalten. Gleichzeitig sorgen Sie so dafür, dass diese Worte Ihres Chefs nicht die Macht bekommen, um Sie in Ihrem positiven Glauben zu erschüttern. So schaffen Sie es, auch in einer stressigen und anstrengenden Situation immer neue Lösungsansätze zu sehen und Ihrem Chef Ihre eigenen Bedürfnisse zu erläutern. Menschen neigen dazu, Kritik persönlich zu nehmen und uns in unserer gesamten Person infrage zu stellen. Gerade bei Kindern sieht man dieses Phänomen gegenüber Eltern sehr oft, wenn sie noch nicht in der Lage sind, Kritik richtig zu verstehen. Gemeint ist aber in der Regel nur die Sache an sich, nicht die Person. Wenn sich Ihr Nachbar über das Rasenmähen in der Mittagsruhe beschwert, dann meint er nicht Ihre Person, sondern das störende Rasenmähen an sich.

Sie können es lernen, Kritik umzudeuten. Denn unabhängig von der

Sache, bietet jede (konstruktive, also hilfreiche) Kritik die Möglichkeit, etwas über sich selbst zu lernen und Dinge dadurch beim nächsten Mal anders bzw. besser zu machen. Vielleicht öffnet Ihnen Kritik auch ganz andere Möglichkeiten, sodass Sie sich beispielsweise zu einer Fortbildung anmelden, um beruflich mehr zu erreichen. Versuchen Sie daher Folgendes: Betrachten Sie Kritik als Spiegel und lernen Sie daraus. Gemäß dem Gesetz der Anziehung hat ein Teil in Ihnen dafür Sorge getragen, im Außen eine bestimmte Kritik gespiegelt zu bekommen.

Nehmen wir beispielsweise einmal den Satz von Ihrem Chef: „Sie arbeiten zu langsam. Das muss schneller gehen. Sie sollten unbedingt einmal Ihre Arbeitsweise überdenken." Vielleicht ist Ihnen das selbst schon einmal aufgefallen oder andere Kollegen haben Sie darauf angesprochen. Oder Sie haben selbst dazu beigetragen, dass das Thema aufkam, indem Sie vielleicht selbst laut gesagt haben, dass alles so langsam geht.

Daher sollten Sie Kritik auf jeden Fall auch dazu nutzen, sich selbst und Ihre Arbeitsweise zu überprüfen. Steckt vielleicht etwas Wahres in der Kritik? Hat die kritisierende Person vielleicht tatsächlich den „Nagel auf den Kopf getroffen"? Kennt Ihr Gegenüber überhaupt Ihre Bedürfnisse? Im oben genannten Beispiel könnte das bedeuten, dass Sie vielleicht selbst darauf kommen, dass Ihr Arbeitsprozess etwas flüssiger sein könnte. Sie könnten sich dann überlegen, wie Sie effizienter arbeiten könnten (beispielsweise besseres Zeitmanagement, sich weniger ablenken zu lassen).

Diese Strategien könnten Sie dann auch in anderen Situationen anwenden und nutzen, damit erfolgreicher werden und Ihre (beruflichen) Ziele schneller erreichen. Scheuen Sie sich auch nicht, Ihren Mitmenschen Bedürfnisse mitzuteilen. Woher soll Ihr Gegenüber denn auch wissen, dass Sie sich z. B. gerade besonders konzentrieren müssen oder Ihre Mittagsruhe benötigen, wenn Sie es ihm nicht sagen? Das kann Konflikte und Kritik oft vermeiden oder zumindest mindern. Hier kommt es auf Sie an, Sie selbst müssen aktiv werden.

Kritik ist hier also nichts Schlimmes, sondern bietet Ihnen vielmehr das Potenzial, sich weiterzuentwickeln und zu verbessern. Wer sich dessen immer bewusst ist, der kann auch mit Kritik besser umgeben.

HILFREICHE TIPPS ZUM ENTWICKELN POSITIVER GEDANKEN

Jetzt kennen Sie also viele Gründe, die dafürsprechen, eine positive Weltsicht an den Tag zu legen. Diese Aspekte können Ihnen dabei helfen, Ihr Leben langfristig in Richtung Erfolg, Zufriedenheit und Glück zu lenken:

- **Erlernen Sie, sich Ihre Gedanken bewusst zu machen.** Damit Sie Ihren Fokus auf Dauer positiv ausrichten können, sollten Sie sich zunächst über Ihre laufenden Denkmuster im Klaren sein. Versuchen Sie, ein Gefühl dafür zu bekommen, auf welche Art Sie selbst die Welt betrachten. Wenn Sie dabei auf negative Denkmuster stoßen, können Sie diese dann bewusst ausschalten. Achtsamkeitsübungen, Yoga und Meditation können dabei hilfreiche Mittel sein, sich seine Gedanken bewusst zu machen.

- **Bringen Sie sich gezielt in eine positive Grundhaltung und Stimmung.** Nutzen Sie dabei ruhig auch alle Tipps, die Sie hier in diesem Buch bisher gelernt haben. Treiben Sie Sport, arbeiten Sie stetig an Ihrem Selbstwertgefühl, haben Sie Spaß, ernähren Sie sich richtig und pflegen Sie soziale Kontakte.

- **Verschieben Sie Ihren Fokus gezielt auf positive Dinge.** Gewöhnen Sie sich an, sich auf positive Erlebnisse und Aspekte in Ihrem Leben zu konzentrieren. Dies können Sie ohne Probleme gut trainieren. Nutzen Sie beispielsweise dazu regelmäßige Affirmationen (Bestätigungen). Es kann dazu hilfreich sein, ein sogenanntes Positivtagebuch zu führen, in dem Sie nur positive Dinge und Erlebnisse eintragen. Jeden Abend sollten Sie sich dazu dann überlegen, was an dem Tag alles gut war. Erkennen Sie hier Ihre eigenen Stärken und Erfolge und schreiben Sie diese auf. Sie werden erstaunt sein, wie viele Dinge Sie mit der Zeit aufgeschrieben haben, die Ihnen sonst sicher entgangen wären.

- **Distanzieren Sie sich vom Einfluss negativer Menschen.** Wenn Sie es können, sollten Sie sich von negativen Menschen fernhalten. Manchmal – wie beispielsweise bei der Arbeit – ist es nicht ganz möglich, solche Menschen zu meiden und ihnen aus dem Wege zu gehen. Dennoch sollten Sie sich, so gut es geht, räumlich oder zumindest mental von ihnen trennen. So können diese Menschen es nicht schaffen, Ihre positive Lebenseinstellung zu hinterfragen.

- **Seien Sie sich selbst ein guter Freund.** Versuchen Sie, sich selbst wie einen guten Freund zu behandeln. Reden Sie sich selbst gut zu, anstatt sich herabsetzen.

- **Schenken Sie sich auch einmal etwas Gutes, selbst wenn es nur Zeit für sich selbst ist.** Seien Sie geduldig mit sich und auch einmal lieb mit sich.

Die Selbstdisziplin

Selbstdisziplin (oder auch Selbstbeherrschung) bedeutet, eigenständig kontrolliertes, stetiges Verhalten, das einen Zustand entweder aufrechterhalten kann oder diesen erst hervorruft. Es soll allen Dingen entgegenwirken, die Sie von Ihrem Ziel (beispielsweise reich zu werden) abhalten. Sie ist also unbedingt auch Teil eines positiv ausgerichteten Mindsets.

Es geht hierbei auch um die eigene Willenskraft. Diese zeigt sich in gewissen Merkmalen und hängt von Ihrer Persönlichkeit (bzw. Ihren Vorlieben) ab. Wenn Sie Ihre Selbstdisziplin (bzw. durch regelmäßigen Sport, durch Diäten, die Sie einhalten wollen, usw.) fördern, dann sorgen Sie damit auch gleichzeitig für ein positiveres Mindset. **Es wurde in Studien erwiesen, dass Menschen langfristig erfolgreicher sind, wenn Sie es schaffen, sich gut unter Kontrolle zu haben. Dies kann beispielsweise geschehen durch:**

- **das Entwickeln einer gewissen Routine.** Wenn man sich über eine gewisse Zeit immer wieder überwindet (beispielsweise zum Sporttreiben), dann fällt dies irgendwann leichter und kostet nicht mehr so viel Überwindung.

- **das Herausfinden der passenden Zeit.** Für manche Menschen ist Sport beispielsweise gut geeignet, um morgens wach zu werden, andere powern sich dagegen gern noch vor dem Schlafengehen richtig aus, um dann auch müde zu sein.

- **die eigene beständige Motivation.** Wer sein Ziel genau kennt und immer vor Augen hat, dem wird es auch leichter fallen, Schwierigkeiten auf dem Weg dahin zu lösen. Halten Sie sich immer geistig das Ergebnis vor Augen, das Sie erreichen wollen. Selbstdisziplin fällt nun mal leichter, wenn man genau weiß, wofür man bestimmte Anstrengungen überhaupt in Kauf nimmt.

• **dem Vermeiden von Versuchungen**, wenn diese Ihrem Erfolg entgegenstehen und Sie davon abhalten, Ihre Ziele zu erreichen.

• **regelmäßige Belohnungen**, wenn Sie beispielsweise in der Woche viel Sport getrieben haben oder Sie Ihr Gewicht um eine bestimmte Menge reduziert haben. Diese Belohnungen sollten aber nicht Ihr Antrieb sein, sondern das Ziel selbst, denn sonst verfallen Sie ganz schnell wieder in alte Verhaltensmuster.

Selbstdisziplin bedeutet also, Ziele genau festzulegen und auf das Erreichen dieser Ziele hinzuarbeiten. Selbstdisziplinierte Menschen sind in der Lage, Dinge, die diesem Ziel entgegenstehen, erst einmal hintenan zu stellen. Sie schaffen es - beispielsweise beim Sport - den sogenannten „inneren Schweinehund“ zu überwinden und an ihrem Ziel zu arbeiten. Für ein erfolgreiches Mindset ist dies unbedingt notwendig.

DAS SELBST

Dieser Ratgeber hat den Begriff des „Selbst“ schon einige Male verwendet. Selbstbewusst zu sein, bedeutet zum Beispiel, dass man sich seines eigenen Selbst bewusst ist. Sicher erinnern Sie sich noch. Aber was meint die Psychologie genau mit dem Begriff des „Selbst“? Wie würden Sie den Begriff definieren? Hierzu sollte man den Begriff des Selbst einmal genauer beleuchten.

In der Psychologie ist dieser Begriff ein zentrales Element, um sich mit der menschlichen Psyche auseinanderzusetzen. Es ist die Gesamtheit aller unbewussten und bewussten Aspekte der Persönlichkeit, wobei hier eine Harmonisierung zwischen diesen beiden erreicht werden soll. Unter dem Begriff „Selbst“ versteht man also die Zusammenfassung all unserer Anteile und Aspekte. Es ist das, was wir Menschen als unser „Ich“ wahrnehmen. Es ist das, was wir mögen, was uns ausmacht, was wir erlebt haben, was wir an Bedürfnissen haben, wie wir von unseren Familien, Freunden und Bekannten geprägt wurden usw.

Falls Sie sich gewundert haben, dass das Selbst aus verschiedenen Anteilen besteht: Ja, es ist so. In der Psychologie geht man davon aus, dass sich jeder einzelne Mensch - also jedes Selbst - aus ganz verschiedenen Anteilen der Persönlichkeit zusammensetzt. Sie brauchen sich aber keine Sorgen zu machen, denn dies ist kein Hinweis auf eine etwaige psychologische Auffälligkeit. Es ist vielmehr das Ergebnis einer völlig normal verlaufenden Entwicklung.

Im Lauf unseres Lebens prägen uns ganz unterschiedliche Personen und Situationen mehr oder weniger stark, je nachdem, welche Bedeutung diese Dinge oder die Personen in der jeweiligen Situation für uns haben. All diese Situationen und Interaktionen mit den jeweiligen Rückmeldungen tragen dazu bei, dass sich unser Selbst - also das „Ich" so entwickelt, wie es nun mal jetzt ist. Das Selbst ist ein Spiegelbild dessen, was wir gelernt haben zu sein. Um es genauer auszudrücken: Im Kindesalter prägt erst mal die Kernfamilie (Vater, Mutter, evtl. Geschwister und Großeltern) ein Kind. Schließlich erweitert sich das soziale Netz immer weiter: Das Kind kommt mit Freunden, Erziehern, Lehrern, anderen Eltern, Trainern, Ausbildern etc. in Kontakt.

Mit jeder dieser Personen hat das Kind eine bestimmte Beziehung. Durch Kommunikation und Rückmeldung lernt es im Prozess seines Aufwachsens

- wer es ist und wie andere es sehen.
- wie Beziehungen funktionieren und ausgestaltet werden.
- wie die Welt ist.

Je nachdem, wie die Bezugsperson die Welt und sich selbst begreift, vermittelt sie dem Kind dann auch eine spezifische Prägung. Wächst das Kind beispielsweise bei einer geduldigen, liebevollen Mutter auf, so ist die Chance groß, dass es selbst ein positives Weltbild entwickelt. Gleichzeitig könnte es aber auch sein, dass das Kind oft bei den Großeltern ist, die besonders hohe Ansprüche haben. Dann bekommt das Kind vielleicht das Gefühl, nie gut genug zu sein und den Ansprüchen nicht zu genügen. Aus der Summe all dieser Erfahrungen entwickelt das Kind dann sein Selbst. Dieses Selbst bildet die verschiedenen Erfahrungen mit der Umwelt ab und es entstehen verschiedene innere Anteile:

So kann es sein, dass ein Anteil mutig ist und uns große Ziele setzen lässt, der andere Teil jedoch diese Ziele schlechtredet und kritisiert. Kommt Ihnen das bekannt vor? Durch die Existenz verschiedener, sich teilweise widersprechender Anteile kommt es zu inneren Konflikten, Lern- und Motivationsblockaden. Leider erkennen wir nicht immer alle Anteile und welche Motive oder Ziele sie möglicherweise verfolgen, da diese Konflikte oft auch nur unbewusst wahrgenommen werden. Meist bekommen wir durch diese inneren Konflikte jedoch nicht wirklich etwas mit, denn schließlich ist es das Selbst, das die verschiedenen Anteile in Einklang bringen soll.

DIE DISZIPLIN

Der Begriff Disziplin leitet sich von dem lateinischen Wort „disciplina“ ab und bedeutet so viel wie „Lehre, Zucht, Ordnung“. In der Enzyklopädie der Wertvorstellungen wird unter Disziplin entweder „Das Einhalten von gewissen Ordnungen, Vorschriften oder Verhaltensregeln oder Ähnlichem bzw. das Sich-Fügen in die Ordnung einer Gemeinschaft oder eine Gruppe“ oder „das Beherrschen des eigenen Willens, der eigenen Neigungen und der eigenen Gefühle“ verstanden.

In Bezug auf diesen Ratgeber zum unendlichen Mindset ist besonders der letzte Teil der Definition wichtig. Neigungen und Gefühle werden hier so weit beherrscht, dass man es schafft, sein Ziel zu erreichen. Disziplin ist daher also unbedingt dafür notwendig. Das bedeutet, dass man sein Ziel deutlich vor Augen hat und sich durch keine äußeren oder inneren Faktoren davon abbringen lässt, selbst wenn der Weg dahin beschwerlich ist.

Sie brauchen aber keine Angst zu haben, selbst wenn Sie sich noch nicht für sehr selbstdiszipliniert halten. (Selbst-) Disziplin kann man lernen und diese einfachen Tipps helfen dabei:

- Handeln Sie aus eigenem Willen und Antrieb heraus. Fragen Sie sich, warum Sie bestimmte Ziele erreichen wollen und was Sie sich vom Erreichen Ihres Zieles versprechen (etwa Fitness, Reichtum, Beliebtheit etc.).

- Setzen Sie einen bestimmten Zeitpunkt fest. Wer sich keine Deadline für eine Aufgabe/ ein Ziel setzt, wird auch nicht so konsequent daran festhalten.

- Setzen Sie Prioritäten.

- Zerlegen Sie größere Ziele in kleine, erreichbare Ziele, die Sie auch im Rahmen Ihrer Möglichkeiten erreichen können.

- Finden Sie Ihren Rhythmus und bedenken Sie, dass jeder Mensch seine individuelle Zeit hat, in der er besonders leistungsfähig ist.

- Suchen Sie sich ein Vorbild.

- Setzen Sie sich realistische Ziele.

- Ignorieren Sie Personen, die an Ihnen und Ihren Fähigkeiten zweifeln. Durch deren Zweifel wird Ihre Motivation ebenfalls geschwächt.

- Belohnen Sie sich für Teilerfolge – das motiviert zum Weitermachen.

GRÜNDE, WARUM MENSCHEN SELBSTDISZIPLIN BRAUCHEN

Selbstdisziplin – also die Disziplin unseres Selbst – ist eine wesentliche Voraussetzung für das Erreichen unserer Ziele. Wer keine Selbstdisziplin beherrscht, wird es kaum schaffen, alte Muster abzulegen und etwas Neues zu erlernen. Ein unendliches Mindset bedeutet also, dass man unbedingt dazu Selbstdisziplin benötigt. Machen Sie nicht den Fehler und fordern Sie zu viel von sich, seien Sie sich aber bewusst, dass ein unendliches Mindset voraussetzt, die eigenen Gefühle und Bedürfnisse zu kennen und nach ihnen zu handeln.

Sicher haben Sie schon den Satz gehört „Menschen sind Gewohnheitstiere". Schon wenn wir in der Schule etwas aufsagen sollen, half uns oftmalige Wiederholung, bis es saß und der Text oder die Bewegung verinnerlicht wurde. Auch Tänzer müssen oft Choreografien stundenlang üben, bis sie diese verinnerlicht haben.

Ein Beispiel könnte unser Vorhaben sein, regelmäßig mehr Sport zu treiben, ganz unabhängig von der Hetze des normalen Alltags. Sie möchten in der Woche mindestens zweimal für ca. 45 Minuten joggen. Hier werden Sie sicher einige Zeit brauchen; es könnte unter Umständen tatsächlich sehr lange dauern, bis Sie dies in Ihrem Alltag so verinnerlicht haben, dass es Ihnen nicht schwerfällt, sich zum Training fertig zu machen. Leider lässt sich nicht genau vorhersagen, wie viele Wiederholungen man beispielsweise braucht, um gesund zu werden. Und es hängt auch sehr von der eigenen Sichtweise ab.

Disziplin ist, wie schon erwähnt, zum Erlernen (z. B. einer neuen Fremdsprache) und Entwickeln neuer Routinen sehr nützlich bzw. unbedingt erforderlich. Man kann sagen, die Selbstdisziplin ist eine Art „Selbststeuerungskompetenz", die dafür sorgt, dass all die verschiedenartigen inneren Anteile darauf ausgerichtet werden, das gesetzte Ziel zu erreichen. Die Redewendung „Den inneren Schweinehund überwinden" kann auch in diesem Zusammenhang gesehen werden. Als „inneren Schweinehund“ kann man den Teil in Ihnen bezeichnen, der Anstrengungen möglichst aus dem Weg geht. Wenn Sie zum Beispiel morgens aus dem Fenster sehen und Sie stellen fest, dass es regnet, dann fällt es Ihnen nun mal schwer, draußen joggen zu gehen und Sie sagen sich: „Joggen kann ich ja auch morgen.“ Darüber zu stehen, das kostet Überwindung. Dieses Phänomen ist Ihnen sicherlich nicht neu, richtig? Wir alle kennen diese Blockade in uns. Die Frage, die sich uns stellt, ist nun jedoch, ob wir diesen inneren Schweinehund gewähren lassen oder nicht und was wir ihm entgegenhalten. Selbstdisziplin hilft uns hier enorm.

WIE SELBSTDISZIPLIN DINGE VERÄNDERN KANN

Menschen, die lebenszufrieden sind, weisen vor allem zwei wesentliche Charaktereigenschaften auf: Disziplin und Intelligenz. Selbstdisziplin wirkt sich ebenfalls auf Erfolg, Wohlstand und unsere Gesundheit aus. Das ergibt auch einen Sinn. Wir Menschen benötigen nämlich Selbstdisziplin, um alte Verhaltensmuster zu durchbrechen, bei Problemen neue Lösungswege zu finden und uns schließlich weiterzuentwickeln.

Ziele und Visionen können wir immer haben. Schaffen wir es aber nicht, unseren inneren Schweinehund zu überwinden bzw. in Schach zu halten, so bleiben es eben nur Ziele und Visionen. Wir kommen sonst nämlich nicht zum Handeln und unsere Vorhaben sind dann für immer Luftschlösser. Außerdem müssen Sie ständig davon ausgehen, gescheitert zu sein, was zusätzlich demotivieren kann.

Wer sein Leben aus- und umgestalten möchte, der sollte sich gut selbst disziplinieren können. Intelligenz und Talent sind super, aber beides allein wird Sie wohl leider nicht ans Ziel bringen. Solange Sie keine Ausdauer haben, ist es gleichgültig, wie klug Sie vielleicht sind, Ihr Ziel erreichen Sie nur damit nicht. Wirklich ausschlaggebend ist es, dass Sie selbst AKTIV werden und beginnen, für Ihr Ziel einzustehen. Dafür brauchen Sie Kraft und Einsatz, um auch den „Faden nicht zu verlieren." Daher ist Selbstdisziplin Dreh- und Angelpunkt für ein gutes unendliches Mindset.

ERKENNEN SIE IHR „WARUM"

Damit Sie langfristig genug Energie aufbringen, um Ihre Vorhaben auch zu verwirklichen, brauchen Sie einen Plan. Dieser Plan sollte auf jeden Fall gute Argumente beinhalten. Diese können Sie dann benutzen, um sie Ihrem inneren Schweinehund oder auch anderen kritischen Anteilen entgegenzuhalten. Selbst, wenn Sie noch so motiviert sind, Disziplin-Tiefs gehören einfach dazu und sind leider kaum zu vermeiden.

Wenn Sie sich dessen bewusst sind, dann können Sie aber auch schon im Vorfeld Strategien dagegen entwickeln, um dem inneren Schweinehund gar nicht erst nachzugeben. Neben einer klaren Vorstellung Ihrer Ziele sollten Sie sich am besten auch Ihres individuellen „Warum" bewusst werden. Sie sollten erkennen, warum Sie bestimmte Ziele erreichen möchten und was Sie mit Ihrem Ziel bezwecken.

Jedem Ziel liegt in der Regel mindestens ein Motiv oder tiefes inneres Bedürfnis zugrunde. Halten Sie sich das immer vor Augen und seien Sie sich dessen immer bewusst. Stellen Sie sich immer wieder vor, wie es ist, wenn Sie Ihr Ziel endlich erreicht haben. Wie werden Sie sich dann fühlen? Wie werden Sie dann sein? Wer wird dann bei Ihnen sein? Wie werden Sie aussehen? Träumen Sie ruhig von dieser Vision und lassen Sie sich davon leiten! Dies wird Ihre Selbstdisziplin stärken und Sie werden Ihr Ziel eher erreichen.

Falls Sie noch nach Ihrem inneren „Warum" suchen, sind hier noch ein paar Gedanken dazu:

- Warum ist diese Eigenschaft oder besondere Fähigkeit so wichtig für mich?

- Was verspreche ich mir vom Erreichen meines Ziels?
- Wie wird dies dann mein Leben verändern?
- Möchte ich das Ziel vor allem für mich oder auch für andere erreichen?
- Wie wird sich mein Leben verbessern, wenn ich mein Ziel erreicht habe?

Diese Fragen helfen Ihnen vielleicht ein bisschen auf der Suche nach dem „Warum".

FÜNF ENTSCHEIDENDE FAKTOREN

Die Selbstdisziplin, die Sie zum Erreichen Ihrer Ziele benötigen, kommt in der Regel nicht von ungefähr. Hier spielen insbesondere fünf Faktoren eine große Rolle, die Ihnen im folgenden Abschnitt vorgestellt werden: die Ablenkung, die Gewohnheiten, die Motivation, die Vorbereitung und die Willenskraft. Schauen wir uns dies alles einmal genauer an:

Die Ablenkung

Sie ist unser größter Feind auf dem Weg zum Erreichen unserer Ziele. Im Alltag gibt es viele Faktoren und Möglichkeiten, mit denen Sie sich - unbewusst oder bewusst - vom Erreichen Ihrer Ziele abhalten lassen. Da sind zum einen die vielen alltäglichen Zeitfresser, von denen wir uns Tag für Tag ablenken lassen und die uns tatsächlich sehr viel Zeit kosten: Fernsehen, Handy, Internet, Instagram, YouTube, Facebook, der Plausch in der Teeküche usw. In unserem modernen Alltag wird es heute tatsächlich zu einer wahren Herausforderung, sich nicht ständig abzulenken und nicht ständig erreichbar oder auf dem neusten Stand zu sein.

Vielleicht kommt Ihnen das bekannt vor: Sie haben es sich zum Tagesziel gesetzt, heute Ihre Präsentation fertig zu machen und ihr den letzten Schliff zu verleihen. Vorher wollten Sie kurz noch einmal bei Facebook schauen, was es bei Ihren Kontakten Neues gibt. Dann schickt eine

Freundin Ihnen eine Sprachnachricht auf WhatsApp, die Sie dann auch gleich kurz beantworten müssen. Noch mal schauen Sie, was es online Neues gibt. Und schon ist eine ganze Stunde vergangen und Sie haben sich noch nicht mit Ihrer Präsentation beschäftigt und sind hier noch keinen Schritt weiter. Das ist natürlich sehr ärgerlich.

Es ist also durchaus wichtig, sich bewusst zu werden, wie viele und welche Dinge uns im Alltag fast ständig ablenken. Wenn Sie sich ein bestimmtes Ziel (das kann auch ein kleines Tagesziel sein) gesetzt haben, dann ergibt es Sinn, sich auf keinen Fall ablenken zu lassen. Schalten Sie dann einfach Ihr Handy einmal aus oder setzen Sie sich dazu in eine ruhige Ecke, weit weg vom Fernseher. Viele Menschen nehmen sich heute schon bewusst eine Social-Media-Auszeit, in der sie einfach mal nicht erreichbar sind und in der sie Facebook und Co. nicht nutzen.

Es gibt selbstverständlich noch viele weitere Ablenkungsmanöver. Es gibt mindestens so viele Möglichkeiten, sich abzulenken, wie es Vorhaben und Ziele gibt. Vielleicht kennen Sie auch dies: Sie müssen erst einmal sauber machen und die Wohnung putzen, bevor Sie arbeiten, und schon ist der halbe Arbeitstag vergangen und Sie haben noch nichts von dem erledigt, was Sie sich für den Arbeitstag vorgenommen haben. Oder es muss erst noch einem Freund geholfen werden, das Auto gewaschen werden, eingekauft werden usw.

Alle Dinge, an die Sie denken, wenn Sie eigentlich ein festes Ziel vor Augen haben, sind Ablenkung. Verantwortlich dafür ist immer irgendein Anteil in Ihnen - im Zweifelsfall eben der innere Schweinehund.

Die Gewohnheiten

Sie wissen es bereits: Menschen sind Gewohnheitstiere. Das ist nun mal so. Wenn Sie also etwas Neues erlernen oder erreichen wollen, dann machen Sie eine Gewohnheit daraus. Üben Sie sich und sorgen Sie dafür, dass Sie die Gewohnheit regelmäßig ausüben. Es kommt hier nicht darauf an, ob Sie ein Instrument lernen möchten oder positiver zu denken, ob Sie Ihre Selbstdisziplin stärken wollen oder eine neue Sportart erlernen möchten: Wichtig ist, dass Sie eine Gewohnheit daraus machen.

Am besten ist es, wenn Sie sich dafür feste Zeiten reservieren, die Sie dann auch konsequent dazu nutzen, die neue Fähigkeit zu erlernen bzw. Routine zu entwickeln. Tragen Sie diese Zeiten, wenn Sie es brauchen, auch in Ihren Terminkalender ein. Wenn Sie zum Beispiel positiver denken wollen, dann planen Sie einen festen Zeitraum ein, um dies auch zu üben (z. B. durch ein Positiv-Tagebuch oder Affirmationen, von denen hier schon die Rede war). Wenn Sie regelmäßig Sport treiben möchten, dann richten Sie sich auch dazu ein festes Zeitfenster - gegebenenfalls einen Wochenplan - ein.

Wenn Sie so Ihre Gewohnheiten in Ihren Alltag integrieren und regelmäßig ausüben, werden Sie merken, dass diese bald in „Fleisch und Blut übergehen." Ihr innerer Schweinehund wird sich dann wahrscheinlich nicht mehr so oft zu Wort melden, da die Routine nun fester Bestandteil Ihres Tages geworden ist.

Die Motivation

Um ausdauernd und zielstrebig auf ein Vorhaben hinzuarbeiten, benötigt man außerdem eine ausgeprägte Motivation. Es wird nicht überraschend für Sie sein: Ohne Motivation fehlt uns der Antrieb, den wir jedoch brauchen, um neue Dinge zu erlernen. Motivation kann ebenfalls viele verschiedene Gesichter haben. Die Grundlage jeder Motivation ist jedoch das Verfolgen bestimmter Motive: Wir haben bestimmte Beweggründe, die uns zu dem Handeln bewegen.

Hier können wir sogenannte extrinsische und intrinsische Motivationsfaktoren unterscheiden. Extrinsische Faktoren beziehen sich auf äußere Faktoren, intrinsische auf innere Faktoren. Intrinsische Faktoren sind Ihre persönlichen, innersten Motive, die mit dem Verfolgen Ihres Ziels oder

Vorhabens zusammenhängen.

Nehmen wir hier einmal an, Sie haben sich vorgenommen, beruflich erfolgreicher zu sein. Dann sind Ihre Motive:

Extrinsische Motive: Sie erhoffen sich in der Gesellschaft mehr Ansehen und hoffen, sich dann bestimmte Statusobjekte (z. B. ein großes Haus oder ein schnelles Auto) leisten zu können.

Intrinsische Motive: Sie möchten Ihr Fachwissen in größerem Maße einbringen, sich verwirklichen und haben vielleicht einfach das Bedürfnis, sich selbst etwas zu beweisen.

Indem wir uns ein Ziel setzen, sind wir sowieso schon zu einem bestimmten Grad motiviert, dieses auch zu erreichen. Die Motivation kann uns auf dem Weg zum Erreichen unseres Ziels jedoch verloren gehen oder sie kann zumindest geringer werden. Dieses Buch zeigt Ihnen einige Möglichkeiten, wie Sie sich dennoch wieder motivieren können. Da Motivation für das Erlangen eines positiven Mindsets sehr wichtig ist, gibt es dazu nachfolgend in diesem Buch noch ein Kapitel, in dem noch mal im Detail darauf eingegangen wird.

Die Vorbereitung

Um die Selbstdisziplin aufrechtzuerhalten, ist auch eine gute Vorbereitung wichtig. Dies kennzeichnet sich einerseits dadurch, dass Sie sich Ihrer Ziele bewusst sind und Sie einen realistischen Plan entwickeln, wie Sie Ihre Ziele erreichen können. Zum anderen ist es wichtig, dass Sie sich immer einen Schritt voraus sind und dass Sie auf alle Eventualitäten vorbereitet sind.

Eine gute Planung heißt auch, dass Sie wissen, dass es innerhalb der eigenen Zielverfolgung, der Motivation und der Disziplin Schwankungen geben wird. Berücksichtigen Sie also auch Ihre persönlichen Fallstricke und entwickeln Sie Strategien, wie Sie mit diesen gut umgehen können. Dazu kann beispielsweise gehören, die eigenen Ablenkungen zu kennen und zu eliminieren. Es kann auch bedeuten, sich einen aufgeräumten Arbeitsplatz einzurichten oder einen festen Plan zum Einhalten von Routinen zu erstellen.

Die Willenskraft

Schließlich ist auch die Willenskraft wichtig für das Einhalten unserer Selbstdisziplin. Es kann auch sein, dass (unerwartet) etwas dazwischenkommt, das uns Überwindung kostet. Je größer Ihr Wunsch ist, ein bestimmtes Ziel zu erreichen, desto mehr Anstrengungen werden Sie dazu auch dafür in Kauf nehmen.

Willenskraft ist mit der Motivation eng verwandt, jedoch unterscheiden Sie sich auch etwas. Unsere Motivation ist ausschlaggebend für unsere Bereitschaft, etwas erreichen und tun zu wollen. Unsere Willenskraft lässt uns schließlich handeln und die Dinge anpacken, damit wir unser Ziel erreichen. Sie ist also die „ausführende“ Kraft. Wie willens-stark wir sind, liegt schon in unseren Genen. Aber Willenskraft ist auch wunderbar trainierbar. Und zwar, indem Sie sich immer wieder kleinen und großen Herausforderungen stellen und diese auch meistern. Dazu gibt es im Alltag vielerlei Möglichkeiten, dies zu trainieren und die eigene Komfortzone einmal zu verlassen.

Zum Beispiel könnten Sie sich vornehmen, morgens kalt zu duschen, fremden Menschen auf der Straße einfach mal ein Kompliment zu machen oder ein neues Instrument, eine neue Sportart zu erlernen. Dies wird Sie vielleicht im ersten Moment einiges an Überwindung kosten, mit jeder dieser Erfahrungen lernen Sie aber, dass Sie auch ungewohnte Situationen gut bewältigen können. Dies stärkt Ihre Willenskraft.

SCHRITTWEISE MEHR SELBSTDISZIPLIN ERLANGEN

Zusammenfassend sollen hier noch einmal alle Schritte festgehalten werden, mit denen Sie Ihre Selbstdisziplin steigern können. Wenn Sie sich daran halten, dann ist dies gar nicht so schwer.

Setzen Sie sich eindeutig definierte, klare Ziele

Machen Sie sich Ihre Ziele bewusst und formulieren Sie diese klar und realistisch. Große Ziele können Sie dabei in kleine Teilziele unterteilen. Schreiben Sie sich die Ziele am besten auf und platzieren Sie diese an einem für Sie gut sichtbaren Ort. Am besten eignet sich hier Ihr Arbeitsplatz oder ein „Schwarzes Brett", woran Sie wichtige Zettel heften.

Es ist wichtig, dass Sie sich im Alltag immer wieder mit Ihren Zielen konfrontieren, damit Ihre Selbstdisziplin erhalten bleibt. Üben Sie auch, Ihre Ziele zu visualisieren: Wie wird Ihr Leben sein, wenn Sie Ihr Ziel (z. B. Reichtum) erreicht haben? Was wird sich dann für Sie ändern? Indem Sie sich regelmäßig in diesen Zustand versetzen, verschaffen Sie sich einen gewissen Antrieb. So wird es Ihnen leichter fallen, Ihren inneren Schweinehund zu überwinden und auf die Verwirklichung Ihrer Ziele hinzuarbeiten.

Erkennen Sie die Faktoren, die Sie motivieren

Einen ähnlichen Effekt hat es auch, wenn Sie Ihre Motivationsfaktoren kennen und Sie sich diese in regelmäßigen Abständen vergegenwärtigen.

Hier noch mal die Fragen, mit denen Sie Ihr persönliches „Warum" herausfinden können:

- Warum ist diese besondere Fähigkeit oder Eigenschaft so wichtig für mich?
- Möchte ich mein Ziel v. a. für mich oder eher für andere erreichen?

- Was verspreche ich mir davon, wenn ich mein Ziel erreiche?
- Wie wird sich mein Leben dadurch verändern?
- Wie wird sich mein Leben verbessern, wenn ich mein Vorhaben erreicht habe?

Schreiben Sie sich die Antworten auf und visualisieren Sie regelmäßig Ihren Ist-Zustand. Indem Sie so Ihre Motivation aufrechterhalten, stärken Sie auch gleichzeitig Ihre Selbstdisziplin.

Schalten Sie Faktoren aus, die Sie ablenken

Machen Sie sich bewusst, welche Faktoren Sie Tag für Tag ablenken, und schalten Sie diese aus. Geben Sie diesen auf keinen Fall nach. Schaffen Sie sich feste Räume, in denen Sie nur daran arbeiten, Ihr Ziel zu erreichen.

Wenn es nicht dringend notwendig ist, sollten Sie zu diesen Zeitpunkten auch Ablenkungsquellen wie Internet, Handy oder Telefon abstellen. Es kann beispielsweise eine gute Strategie sein, sich selbst bestimmte Internetseiten (wie z. B. Facebook, Amazon usw.) zu blockieren.

Denken Sie nach, was Sie sonst noch ablenken könnte, und schalten Sie diese Faktoren ebenfalls aus. Entwickeln Sie ein Gespür dafür, was Ihnen in den Sinn kommt, wenn Sie eigentlich daran arbeiten sollten, Ihr Ziel zu erreichen. Nehmen Sie dies wahr und schaffen Sie dafür einen alternativen Raum. Sagen Sie z. B. zu sich selbst: „Ja, es ist wahr. Ich müsste tatsächlich putzen und saugen. Jetzt arbeite ich aber erst einmal meine geplanten drei Stunden und dann nehme ich mir eine halbe Stunde dafür Zeit.“ So werden Sie beidem gerecht.

Arbeiten Sie an Ihrer eigenen Willenskraft

Schaffen Sie sich hierzu kleine Herausforderungen, an denen Sie wachsen können. Steigern Sie so den Glauben an sich selbst. So lenken Sie den Fokus auf diese Weise sehr gut in Richtung Erfolg. Erstellen Sie beispielsweise einmal eine Liste von Dingen, die Sie gern tun würden, bei denen Sie sich aber überwinden müssen. Schreiben Sie sich auch auf, was genau Sie davon abhält. So könnte es sein, dass Sie gern Turmspringen, aber Höhenangst haben. Hier hilft es beispielsweise, die Höhe immer in kleinen Etappen zu steigern (erst 1 m, dann 3 m, schließlich 5 m oder gar 10 m).

So eine kleine Tages- oder Wochenchallenge könnte auch sein:

- einen Ihnen unbekannten Mann anzulachen.
- einer unbekannten Frau ein Kompliment zu machen.
- auffällig gekleidet durch die Stadt zu gehen.
- morgens regelmäßig zu meditieren.
- eine Bitte abzuschlagen.
- einen Tanzkurs zu besuchen.

Sicher fällt Ihnen da noch viel mehr ein.

Suchen Sie sich Vorbilder und Verbündete

Sich Menschen mit gleichen oder ähnlichen Interessen zu suchen, kann ein wahres Geheimrezept zum Steigern der Selbstdisziplin sein. Wenn Sie beispielsweise abnehmen wollen, so fällt Ihnen das mit mehreren Leuten meist sehr viel leichter. Sie können sich dann gemeinsam zum Sport motivieren, sich über Ernährung austauschen und sich bei Tiefpunkten gegenseitig motivieren. Man sagt nicht umsonst: „Geteiltes Leid ist halbes Leid."

Ähnlich motivierend kann es auch sein, sich ein Vorbild zu suchen, das Ihr angestrebtes Ziel vielleicht schon erreicht hat. Das kann beispielsweise jemand sein, der beruflich schon das erreicht hat, was Sie wollen. Sie können sich dann genauer mit seinem Werdegang beschäftigen und analysieren, wie er das geschafft hat. Oder Sie tauschen sich sogar persönlich mit

Ihrem Idol aus und lassen sich durch einen persönlichen Erfahrungsbericht inspirieren. Vielleicht bekommen Sie auch konkrete Tipps und können Ihr Netzwerk erweitern.

Belohnen Sie sich selbst

Bei all der Selbstdisziplin, stetigen Motivation und Anstrengung sollten Sie nicht vergessen, geduldig und lieb zu sich zu sein. Schätzen Sie sich und Ihre Mühe. Sehen Sie zu, dass Sie sich regelmäßig für Ihre Bemühungen belohnen. Dazu gehört es auch, sich regelmäßige Pausen zu gönnen. Sie sollten sich aber auch konkrete Geschenke für sich selbst gönnen. Gehen Sie ruhig mal essen oder gönnen Sie sich auch mal einen Blumenstrauß, wenn Ihnen danach ist. Wenn Sie Ihr Ziel oder ein Teilziel erreicht haben, kann es auch mal eine Schmuckstück oder ein neues Handy sein. Halten Sie sich vor Augen, was Sie für sich ausgeben wollen, welche Anstrengungen Sie auf sich nehmen möchten, um ein erfülltes Leben zu erreichen. Sie haben es sich verdient, sich selbst dafür zu danken. Nicht nur, weil dies Ihre Motivation und Ihr Selbstwertgefühl stärkt, sondern auch, weil Sie es einfach wert sind.

Motivation entwickeln

Da die Motivation einen großen Einfluss auf die Selbstdisziplin hat und auch für das Ausbilden eines positiven Mindsets sehr wichtig ist, widmen wir dieser hier ein Extrakapitel.

Es gibt viele Möglichkeiten, wie Sie Ihre Motivation steigern können. Viele von diesen haben wir bereits angesprochen:

- **Genau planen:** Zeit und Ort sollten bei Ihrem Ziel immer genau festgesetzt werden. So kann man auch genaue „Fahrpläne" zum Erreichen des Ziels aufstellen.

- **Für künstlichen Zeitdruck sorgen:** Schon ein Tagebuch kann hier wahre Wunder bewirken. Wenn Sie dort beispielsweise am Montag einen Sportkurs eingetragen haben, dann sollten Sie dort auch hingehen. Je ernster Sie bei der Sache sind, desto weniger werden Sie dann auch das Training schwänzen.

- **Im positiven Sinn an die Zukunft denken:** Sehen Sie die positiven Seiten an Ihrem Ziel und machen Sie sich diese immer wieder bewusst. Wollen Sie z. B. mit dem Rauchen aufhören oder mehr Sport treiben, dann fördert das Ihre Gesundheit.

- **Auf sich selbst wetten:** Wenn Sie beispielsweise einen bestimmten Geldbetrag auf Ihren Erfolg wetten, erhöht dies auch die Erwartung und Sie bleiben eher „am Ball".

- **Mitstreiter suchen:** Ganz gleich, ob sportliches, berufliches oder gesundheitliches Ziel: Zusammen ist alles immer leichter und macht außerdem mehr Spaß!

- **Ein Beispiel an anderen nehmen:** Schauen Sie sich Menschen an, die Ihr Ziel schon erreicht haben, und analysieren Sie, wie diese dieses Ziel erreicht haben. Daran können Sie sich ein Beispiel nehmen.

- **Anderen von den Zielen erzählen:** Durch die „soziale Kontrolle" von außen wird die Erwartung an Sie selbst größer. Andere fragen dann z. B. nach, ob es mit dem Vorhaben geklappt hat und Sie wirklich so viel an Gewicht verloren haben.

- **Ziele visualisieren:** Nur, wer konkrete Ziele vor Augen hat, wird diese auch erreichen. So haben Sie auch immer einen Wert, an dem Sie sich orientieren können, z. B. 4 kg in einem Monat abzunehmen etc. Achten Sie dabei darauf, das Ziel immer im Auge zu behalten und Ablenkungen zu meiden.

- **Aufgaben aufteilen:** Kleine Aufgaben können besser bewältigt werden als große. Außerdem sehen Sie Teilziele, die Sie wiederum anspornen.

- **Einfach anfangen:** Aller Anfang ist schwer, aber Sie werden feststellen, dass es dann doch gar nicht so schwer ist.

Sie sehen: Ihre Motivation sollten Sie auf jeden Fall stetig im Auge behalten, um Ihre Ziele und Vorhaben zu erreichen.

GRÜNDE, WARUM MOTIVATION IM ALLTAG SO WICHTIG IST

Ein positives Mindset kann kaum ohne richtige **Motivation** erreicht werden. Aber was ist Motivation überhaupt? **Was bedeutet der Begriff:**

> Als Motivation werden Prozesse bezeichnet, die bestimmte Motive aktivieren und in Handlungen umsetzen. Dadurch bekommt das Verhalten in Richtung auf ein Ziel eine Ablaufform und mehr Intensität. Die Motivation, ein Ziel zu erreichen, ist abhängig von persönlichen Vorlieben, Anreizen aus der Situation und deren Wechselwirkung. Dies bedeutet, dass alle unsere Handlungen in Richtung auf das Ziel von unserer Motivation gelenkt werden. Wie viel Motivation ein Mensch entwickelt, hängt von der Person

und den einzelnen Situationen ab. Wie extrinsische und intrinsische Faktoren die Motivation beeinflussen, wurde in diesem Buch ja schon erwähnt.

Denken Sie einmal an Ihren normalen Alltag und schauen Sie sich diesen an: Welche Rolle spielt da die Motivation? Welche Aufgaben mussten Sie bewältigen und wie genau haben Sie dies getan? Haben Sie Freude an Ihren Aufgaben oder fallen Ihnen bestimmte Aufgaben besonders schwer? Benötigen Sie für bestimmte Aufgaben viel mehr Zeit als für andere?

Der Schlüssel zu all dem ist die Motivation. Ohne ein Mindestmaß an Motivation kann der Alltag gar nicht bewältigt werden. So stehen Sie vielleicht morgens auf und gehen wie viele andere Menschen auch zur Arbeit. Berufstätigkeit ist also ein fester Bestandteil des Tagesgeschäfts der meisten Menschen, Sicher haben Sie dann auch schon gemerkt, dass Ihre Motivation, zur Arbeit zu gehen, nicht jeden Tag gleich hoch ist. Manchmal freut man sich auf die Arbeit, an anderen Tagen würde man am liebsten gar nicht aufstehen.

Motivatoren, zur Arbeit zu gehen, gibt es viele:

Intrinsische Motive sind beispielsweise nette Kollegen, mit denen man gern zusammen ist, oder ein Berufsfeld, das einen interessiert.

Extrinsische Motive kann zum Beispiel ein hoher Verdienst sein, selbst wenn man vielleicht nicht so hohes Interesse an dem Berufsfeld hat. Auch ein Firmenwagen oder sonstige Boni könnten ein extrinsisches Motiv sein. Hier geht es vor allem darum, von außen etwas für seine Arbeit zu bekommen.

Darüber hinaus gibt es natürlich noch viele weitere Gründe, warum Sie eine bestimmte Arbeit angenommen haben, wie z. B. die Tatsache, dass der Arbeitgeber gut von Ihrem Zuhause zu erreichen ist, dass Sie dort schon lange arbeiten und immer zufrieden waren, dass Sie auf eine höhere Position hinarbeiten usw.

Tatsache ist auf jeden Fall, dass Sie ohne Motivation nicht so leistungsfähig sind und es Ihnen schwerfällt, sich zur Arbeit aufzuraffen. Motivation ist der Treibstoff für Ihre Leistungsfähigkeit.

Mit Motivation können wir Dinge viel einfacher und leichter erledigen, sie gehen uns einfach leichter von der Hand. Ohne Motivation können Sie sich einem Thema kaum zuwenden. Das wissen Sie sicher auch aus eigener Erfahrung. Sie erkennen also die Gesetzmäßigkeit: Je mehr Motivation Sie besitzen, desto mehr Leistung (Leistung ist hier definiert als Arbeit in einer gewissen Zeit) werden Sie erbringen und desto mehr Erfolg werden Sie haben.

WAS GESCHIEHT MIT KÖRPER UND GEIST?

Wenn wir motiviert sind und uns Dinge dann leicht von der Hand gehen, wirkt sich das auch auf unsere gesamte körperliche und seelische Verfassung aus. Motivation gibt unserem Leben einen Sinn. Wenn wir keine Motivation und keine Ziele haben, auf die wir hinarbeiten, und im Leben keinen Sinn sehen, dann werden wir krank. Nicht umsonst nimmt dies mittlerweile in der Pflege eine immer größere Rolle ein, auch solche Faktoren zu erkennen und sich nicht nur auf äußerlich am Körper sichtbare Symptome zu konzentrieren.

Dies kann sich zum einen auf geistig-seelischer Ebene in Form von Depressionen oder depressiven Gedanken zeigen, es kann sich zum anderen aber auch in unserer körperlichen Verfassung bemerkbar machen. Wir sind niedergeschlagen, antriebslos, erschöpft, müde und schaffen es kaum, den Alltag zu bewältigen.

Wenn Menschen geistige oder körperliche Blockaden haben, sollte einmal ihr Leben genauer betrachtet werden. Meist stellt sich dann heraus, dass man sich mit den eigenen Lebensbedingungen nicht identifizieren kann. Dann sollte man die eigene Lebensführung neu gestalten und in andere Bahnen lenken.

Diese Fragen können dabei hilfreich sein:

- Was machen Sie gern, was tut Ihnen gut?
- Womit möchten Sie sich beschäftigen, was interessiert Sie?
- Sind Sie glücklich in Ihrem Beruf, in Ihrer Beziehung etc.?
- Wie sollte Ihr Leben sein, was macht Sie glücklich?

Es ist also entscheidend, den inneren Motiven und Zielen (erneut) auf die Schliche zu kommen. Indem Sie sich diese in Ihr Bewusstsein holen, können Sie Ihr Leben ganz nach Ihrem Geschmack ausrichten. Es kann ein neuer Sinn entstehen und erlebt werden.

Motivation ist für Ihre körperliche und geistige Gesundheit also sehr wichtig. Wenn Sie also antriebslos und erschöpft sind, lohnt es sich daher, Ihre Motivationsfaktoren zu hinterfragen. Gleichen Sie Ihre Lebensgestaltung mit den obigen Fragen ab. So erkennen Sie Blockaden in Ihrer Motivation und können diese beheben.

WAS SPORNT UNS AN?

Dass Ihre Motivation Ihren Erfolg und Ihre Leistungsfähigkeit beeinflusst, wissen Sie ja schon. Sie haben auch schon erfahren, dass es vielerlei Faktoren gibt, die Ihre Motivation steigern können. Dass man diese in extrinsische und intrinsische Faktoren unterscheidet, haben Sie hier auch schon gehört.

Intrinsische Motivationsfaktoren kommen aus Ihnen selbst heraus. Das ist beispielsweise Interesse oder eine Leidenschaft für ein bestimmtes Thema. Darüber hinaus sind intrinsische Faktoren alles, was Sie für sich selbst tun wollen. Der Ansporn liegt hier also in Ihnen selbst. So machen Sie zum Beispiel Sport, weil es Ihnen guttut. Oder Sie putzen und räumen Ihre Wohnung auf, weil Sie sich dort dann wohler fühlen. Oder Sie machen anderen eine Freude, weil es Sie glücklich macht.

Extrinsische Faktoren dagegen kommen von der Außenwelt. Der Ansporn hierzu kommt daher von außen. Hier sind also alle Faktoren gemeint, die Sie aufgrund von äußeren Umständen tun. Ein guter Verdienst oder Anerkennung von Kollegen können beispielsweise solche Faktoren sein. Oder Sie machen Sport, weil andere Sie wegen Ihrer Figur ansprechen oder anschauen. Nicht aber, weil Sie es selbst tun wollen. Oder Sie räumen Ihre Wohnung auf, weil Sie Besuch erwarten. All dies sind extrinsische Faktoren, die uns zu einem bestimmten Handeln bewegen.

Beide Faktoren, extrinsisch und intrinsisch, haben Einfluss auf unser Vermögen, etwas tun zu wollen. Ihr Unterschied liegt aber in der Grundbeschaffenheit und, damit einhergehend, auch darin, wie stark diese sich tatsächlich auf die Motivation und die Handlungsumsetzung auswirken.

WAS TUN, WENN DER ANSPORN FEHLT UND KEINE ANTRIEBSKRAFT ENTWICKELT WERDEN KANN?

Stellen Sie sich hier einmal vor, dass Sie einen Beruf ausüben, der Sie auf der einen Seite sehr erfüllt und den Sie auch gern ausüben, auf der anderen Seite jedoch verdienen Sie nicht so viel und der Beruf ist gesellschaftlich-sozial auch nicht so hoch angesehen.

Nun haben Sie einen Bekannten, der einen Beruf ausübt, der mit einem bestimmten Status verbunden ist. Wenn dieser von seinem Beruf erzählt, hören ihm alle anderen gleich zu und er zieht alle Blicke und das Interesse sofort auf sich. Zudem verdient er gut und besitzt das eine oder andere Statusobjekt. Sie wissen aber aus Gesprächen, dass die Tätigkeit selbst Ihren Bekannten nicht sehr interessiert und erfüllt. Er tut es nur, weil es von seiner Familie erwartet wurde, dass er einen bestimmten gesellschaftlichen Status erreicht. Sonst ist er jedoch recht lustlos und klagt oft über Langeweile und Müdigkeit.

Was soll uns dies zeigen? Richtig, Sie ahnen es: Hier liegen verschiedene Motivationsebenen zugrunde. Während Ihre Motivation hier eher intrinsisch bestimmt ist, ist es bei Ihrem fiktiven Bekannten die extrinsische Motivation, die ihn antreibt. Ihre Tätigkeit ist erfüllt, Ihr fiktiver Bekannter jedoch leidet an Unausgeglichenheit, obwohl er alles hat, was man sich an extrinsischen Motivationsfaktoren nur wünschen kann (Geld, Statusobjekte, Ansehen …). Ihm fehlt hier ein wesentlicher Antrieb zum Glücklichsein: die intrinsische Motivation.

In der Tat scheinen intrinsische Faktoren uns mehr zu motivieren und zu beeinflussen als extrinsische Faktoren. Selbstverständlich sind auch äußere Motivationsfaktoren wichtig, wir brauchen beispielsweise nun einmal Geld zum Leben. Aber ohne gleichzeitige intrinsische Motivationsfaktoren werden Sie die Motive zum Erreichen Ihrer Ziele nur sehr schwer aufrechterhalten können. Was nützen Ihnen Nobelfahrzeuge, Geld, Anerkennung und eine Villa, wenn Sie sich mit Ihrer Arbeit nicht identifizieren können?

Sich selbst Anreize zu setzen, um sich selbst zu motivieren, führt in der Regel gut zu Ihrem Ziel. Und wenn Sie sich dazu an extrinsischen Faktoren orientieren, so ist dies durchaus legitim, denn ein schickes Auto oder das Bedürfnis nach Anerkennung ist ja nichts Schlechtes. Um die Motivation langfristig aufrechtzuerhalten, benötigen Sie aber auch intrinsische Faktoren. Diese gilt es, ausfindig zu machen und zu verstärken, denn sie sind der Hauptfaktor für Ihr Motivationsempfinden.

DIE INNERE ANTRIEBSKRAFT STÄRKEN

Es ist also sehr wichtig für die Ausdauer, Ihre Ziele zu erreichen und Ihre intrinsische Antriebskraft zu stärken. So ergibt es Sinn, wenn Sie Ihre intrinsischen Motivationsfaktoren kennen. Am besten notieren Sie sich diese und platzieren Sie die Notizen irgendwo, wo Sie täglich hinschauen. Sobald Sie sich Ihrer intrinsischen Motivationsfaktoren bewusst sind, haben Sie damit Ihren wichtigsten und stärksten Motor geschaffen.

Drei wesentliche Faktoren beeinflussen laut Motivationspsychologen unsere intrinsische Antriebskraft. Diese können Sie also gezielt fördern, wenn Sie Ihre intrinsische Motivation stärken wollen:

Autonomie:

Diese beeinflusst unsere Motivation und Leistungsfähigkeit erheblich. Sie beschreibt das Gefühl von Mitgestaltung und Eigenverantwortung. Es ist das Gegenteil von reiner Fernbestimmung. Sobald wir sehen, dass wir das Geschehen aktiv beeinflussen können, fördert dies unsere Motivation. Dies sieht man z. B. im Kontext der Mitarbeitermotivation. Wenn Mitarbeiter das Gefühl haben, fremdbestimmt zu sein, sind sie nicht so leistungsfähig.

Meisterschaft:

Menschen möchten tendenziell wachsen und sich weiterentwickeln. Wenn man sich verbessert und seine vorherige Leistung steigert, so hat dies ein Hochgefühl zur Folge. Spiele, Meisterschaften und Ranglisten üben daher eine große Anziehungskraft auf uns aus. Wenn wir uns verbessert haben oder etwas Neues gelernt haben, so motiviert uns dies. Voraussetzung dafür ist natürlich, dass der Fortschritt messbar und auch erreichbar ist. Sind Ziele zu hoch gesetzt, so kann dies das Gegenteil bewirken und demotivieren. Wenn das Gesamtziel jedoch durch das Erreichen von Teilzielen sichtbar näher rückt, so motiviert dies.

Zweck:

Um motiviert zu sein, müssen Menschen in ihrem Handeln auch einen Sinn sehen. Wenn Sie in Ihrem Handeln eine Bedeutung für sich und andere sehen, steigert dies Ihre Motivation. Es lohnt sich also immer, in sich zu gehen und sich die Sinnhaftigkeit des angestrebten Ziels bewusst zu machen.

SCHRITTE ZU MEHR SELBSTMOTIVATION

Um sich also selbst bestmöglich zu motivieren, sollten Sie sich an den folgenden Aspekten orientieren. Einige davon kennen Sie bereits aus dem Kapitel Selbstdisziplin, was auch verständlich ist, da sich beide Aspekte gegenseitig bedingen.

Visionen entwickeln:

Um Motivation zu entwickeln und aufrechtzuerhalten, sollten Sie eine bestimmte Vision haben. Nehmen Sie sich ruhig die Zeit und den Raum, diese zu entwickeln und aufzuschreiben. Träumen Sie ruhig von Ihrem zukünftigen Leben! Wie werden Sie sich fühlen, wenn Sie Ihr Ziel erreicht haben? Wie wird dann Ihr Leben aussehen? Sich in diese Stimmung hineinzuversetzen, wird Ihre intrinsische Motivation sofort steigern, denn das wollen Sie: Da wollen Sie hin und so wollen Sie sein!

Motivationsfaktoren entwickeln:

Finden Sie heraus, was Sie motiviert, beispielsweise durch das Anfertigen einer Mindmap. Schreiben Sie in die Mitte Ihr Ziel und sammeln Sie dann alle motivierenden Aspekte. Machen Sie da erst einmal keinen Unterschied zwischen extrinsischen und intrinsischen Motivationsfaktoren. Sammeln Sie einfach und orientieren Sie sich an diesen Fragen:

- Warum möchten Sie dieses Ziel erreichen. Was versprechen Sie sich davon?
- Welchen Sinn oder Nutzen hat Ihr Ziel für Sie oder andere?
- Was reizt Sie besonders an Ihrem Ziel oder an der Aufgabe?

In einem weiteren Schritt können Sie dann gern intrinsische und extrinsische Faktoren trennen. Besonders die intrinsischen Faktoren sollten Sie aufschreiben und sichtbar platzieren.

Realistische Ziele setzen:

Auch hierüber haben Sie schon etwas erfahren. Sie wissen, dass das Setzen und Visualisieren von Zielen sehr wichtig sind, um sich selbst zu motivieren. Zum einen sollten Sie Ziele vor Augen haben, auf die Sie hinarbeiten möchten, zum anderen sollten diese Ziele gut erreichbar sein. Es ist daher sinnvoll, große Ziele in kleine Teilziele zu unterteilen. Dazu kann auch gehören, dass Sie sich einen genauen Zeit- bzw. „Fahrplan" zum Erreichen Ihrer Ziele erstellen. Das Setzen von festen Zeitfenstern zum Erreichen von Teilzielen kann wahre Wunder bewirken. Sie kennen das sicher: Unter Zeitdruck werden Menschen meist produktiver.

Abgesehen davon vermittelt Ihnen eine detaillierte Planung das Gefühl, Ihr Ziel auch erreichen zu können. Außerdem sehen Sie so auch immer Ihren Fortschritt. Beides steigert wiederum die Produktivität.

Sich selbst belohnen:

Es kann hier nicht oft genug gesagt werden: Gönnen Sie sich regelmäßige Belohnungen für Ihr Engagement und Ihre Ausdauer. Achten Sie auch auf genügend Pausen und Freizeit. Gehen Sie essen und schenken Sie sich beim Erreichen größerer Etappenziele ruhig einmal etwas. So schaffen Sie sich selbst Motivationsanreize, damit Sie weiterhin mit Kraft durchstarten können.

Positiv denken:

Positives Denken ist ebenfalls unbedingt notwendig zur Motivation. Wenn man sich kleine oder große Ziele setzt, werden immer mal wieder Umstände eintreten, die Sie zurückwerfen und die Sie vom Erreichen Ihrer Ziele abhalten. Vielleicht müssen Sie Ihr Ziel auch anpassen, weil Sie merken, dass Sie selbst Ihre eigenen Grenzen erreichen. Oder Sie haben einfach einen „Durchhänger". Das ist völlig normal und absolut in Ordnung. Nur sollte es nicht dazu führen, dass Sie Ihren Kopf in den Sand stecken, denn gerade dann benötigen Sie ein positives Mindset. Seien Sie geduldig und gnädig mit sich! Wenn Sie sich zusätzlich noch selbst fertig machen, werden Sie gar nichts erreichen. Schlimmstenfalls erlischt damit Ihre gesamte Motivation und Sie geben Ihr Ziel auf.

GESUNDHEIT FÜR UNSEREN KÖRPER, UNSEREN GEIST UND UNSERE SEELE

Motivation, Körper, Seele und Geist stehen in einem festen Zusammenhang. Durch bewusste Ernährung können Sie dies auch ganz praktisch beeinflussen, denn: Wer sich besser und gesünder fühlt, der ist auch stärker und hat mehr Motivation!

Motivation erhöhen durch gesundes Essen

Um motiviert zu bleiben und an unseren Zielen festzuhalten, benötigen wir Energie. Auf geistig-mentaler Ebene können wir dafür sorgen, dass wir diese Energie freisetzen und fokussieren. Unseren Energiehaushalt können wir aber auch bewusst mit unserer Ernährung steuern. Die Art und Weise, welche Lebensmittel wir uns zuführen, beeinflusst unser Denkvermögen, unser Körpergefühl und unsere Leistungsfähigkeit.

Damit unsere Motivation aufrechterhalten wird und wir fit und leistungsfähig bleiben, brauchen wir eine ausgewogene Ernährung. Sogenanntes „Brainfood" sorgt dafür, dass wir uns besser konzentrieren können, dass wir leistungsfähiger sind und unsere mentalen Fähigkeiten gestärkt sind.

Es geht daher darum, Lebensmittel zu essen, die uns möglichst lang anhaltend mit Energie versorgen. Der Griff zu Chips und Cola hilft da leider nur sehr kurzfristig, da das aufgenommene Energieniveau sehr schnell wieder abflacht. Nachfolgend werden einige Lebensmittel aufgelistet, die Ihre Motivation steigern können:

Snacks zum Erhöhen der Motivation

Nüsse:

Sie sind sehr effektive Lieferanten von Energie und Eiweiß. Beides braucht das Gehirn, um aktiv zu sein. Zudem bildet unser Körper bei Zufuhr von Nüssen Serotonin. Und wir erinnern uns: Dies ist das Glückshormon, das Sie automatisch in eine bessere Stimmung versetzt. Nicht umsonst enthält Studentenfutter viele Nüsse.

Beeren:

Sie sind Energielieferanten für das Gehirn. Besonders Blaubeeren stärken die Fähigkeit zu denken.

Haferflocken/ Vollkornprodukte:

Haferflocken und Vollkornprodukte liefern Ihrem Körper Eisen, Magnesium, B-Vitamine und langkettige Kohlenhydrate. Dies verschafft Ihnen viel lang anhaltende Energie. Haferflocken mit Nüssen und Beeren sind also ein wunderbarer Start in den Tag.

Avocados:

Sie sind zu Recht die neuen Superfrüchte. Sie enthalten u. a. Omega-3-Fettsäuren und B-Vitamine, kurzum: Sie heben die Stimmung und liefern Ihnen viel Energie. Avocados können Sie auf vielfache Weise in Ihren Speiseplan aufnehmen: als Smoothie, als Dip, auf dem Brot oder im Salat. Seien Sie kreativ!

Fisch:

Fisch enthält Omega-3-Fettsäuren. Diese verbessern nicht nur die Stimmung, sondern steigern auch die Motivation. Besonders Lachs, Thunfisch und Hering gehören daher unbedingt auf Ihren Speiseplan.

Achten Sie außerdem darauf, genug Flüssigkeit (Wasser) zu trinken, mindestens aber zwei Liter am Tag. Nur so ist Ihr Gehirn voll leistungsfähig. Es liegt ganz an Ihnen!

AM ARBEITSPLATZ MOTIVIERT SEIN

Wie Sie Ihre Motivation steigern, wissen Sie bereits. Dieses gesamte Wissen können Sie auch heranziehen, um am Arbeitsplatz Ihre Motivation zu steigern und zu erhalten. Wenn Sie fest an sich glauben, ist dies gar nicht so schwer.

Wie Sie es schaffen, erfolgreicher zu sein

Die Erfolgsformel ist Ihnen bereits geläufig: Je mehr Motivation, desto mehr Leistungsfähigkeit und desto mehr Erfolg. Nun stellt sich Ihnen natürlich die Frage, wie genau Sie Ihren beruflichen Erfolg gezielt ausgestalten können. Orientieren Sie sich dabei an den Schritten zum Erreichen einer gesteigerten Motivation. Entwickeln Sie Visionen von dem, was Sie beruflich erreichen möchten, ermitteln Sie Ihre (intrinsischen und extrinsischen) Motivationsfaktoren und setzen Sie sich dabei realistische Ziele. Achten Sie dabei darauf, immer eine positive Perspektive zu haben und diese auch beizubehalten.

Lassen Sie nicht zu, dass kritische Stimmen Sie verunsichern. Belohnen und bestärken Sie sich regelmäßig selbst. Achten Sie außerdem darauf, inwieweit sich die wesentlichen Motivationsfaktoren Autonomie, Meisterschaft und Zweck in Ihrem Leben wiederfinden. Wenn Sie merken, dass diese noch zu wenig Raum haben, versuchen Sie, Wege zu finden, diese umzusetzen. Suchen Sie beispielsweise das Gespräch mit Ihrem Chef, inwieweit Ihnen mehr Eigenverantwortlichkeit eingestanden werden kann. Fordern Sie sich selbst, indem Sie sich z. B. fortbilden oder ein neues Musikinstrument bzw. eine neue Sprache lernen.

Den Lernantrieb starten und erhöhen

Damit Sie handeln, benötigen Sie eine konkrete Zielsetzung. Erstellen Sie Zeitpläne. Teilen Sie Ihr Ziel oder Ihre Aufgabe in kleine Etappenziele auf und setzen Sie für jedes Teilziel einen bestimmten Zeitrahmen fest. Überlegen Sie sich bereits, welche Belohnung Sie sich nach dem Erreichen eines (Etappen-) Ziels gönnen wollen und setzen Sie dies dann auch in die Tat um. Ermitteln Sie die Quellen, die Sie ablenken, und schalten Sie diese möglichst aus. Gönnen Sie sich Pausen, die Sie bereits in Ihrer Zeitplanung berücksichtigen. Essen Sie Brainfood. Hängen Sie Notizzettel mit Ihren Zielen und Motiven sichtbar zu Hause oder an Ihrem Arbeitsplatz auf.

Sich selbst und andere Menschen (Kollegen) motivieren

Besonders effektiv wird es, wenn Sie Ihre Kollegen und Kolleginnen in Ihre Motivationsstrategien einbeziehen. Ein positives kollegiales Miteinander ist erwiesenermaßen ein sehr großer Motivationsfaktor für Arbeitnehmer. Nutzen Sie dies! Seien Sie wertschätzend und motivieren Sie sich gegenseitig. Sorgen Sie dafür, dass sich auch Ihre Kollegen bei der Arbeit wohlfühlen und Sie gern zur Arbeit kommen. Bieten Sie Ihren Kollegen Ihre Hilfe an, wenn Sie der Meinung sind, dass Sie gebraucht werden. Geben Sie sich gegenseitig regelmäßig Feedback zu Ihrer Arbeitsleistung und was Sie besser machen könnten. Loben Sie Ihre Kollegen und Kolleginnen auch ab und zu einmal und bitten Sie diese ruhig auch mal um eine Rückmeldung zu Ihrer erbrachten Leistung oder wie man Sie am Arbeitsplatz wahrnimmt.

Denken Sie darüber nach, wie Ihre Umgebung aussehen müsste, damit Sie sich motivierter fühlen und Sie bei der Arbeit zufrieden sind. Und dann setzen Sie dies nach Rücksprache mit Ihrem Vorgesetzten und Ihren Kollegen und Kolleginnen auch um. Dies können Bilder, Pflanzen oder Motivationssprüche sein. Vielleicht helfen auch andere Büromöbel oder bunte Büroutensilien, die Arbeitsatmosphäre zu lockern und zu verbessern. Machen Sie Ihren Arbeitsalltag einfach schöner, netter und lebendiger. Wenn Sie sich am Arbeitsplatz wohlfühlen, werden Sie auch viel lieber dort hingehen und Sie werden motivierter und leistungsfähiger sein. Nur, wer sich wohlfühlt, ist auch voll leistungsfähig.

BEI FREUNDEN, FAMILIE UND KINDERN DIE MOTIVATION ERHÖHEN

Es ergibt natürlich Sinn, wenn nicht nur Sie selbst, sondern auch Ihr gesamtes Umfeld positiv eingestellt ist. Denken Sie daran zurück, wie sehr unterschiedliche Denkarten andere Menschen in ihrer Denkweise beeinflussen können. Wenn Sie dauerhaft ein positives Mindset haben möchten, ist es sinnvoll, wenn auch Ihr Umfeld optimistisch und voller Tatendrang ist. Natürlich profitieren schließlich auch Ihre Freunde, Ihre Familie und Ihre Kinder davon.

Alle Schritte, die Sie anwenden, um sich zu motivieren, können Sie auch auf Ihr Umfeld übertragen. Sie würden hier gleich zwei Fliegen mit einer Klappe schlagen: Auf der einen Seite würden Sie bei Ihren Liebsten für eine positivere Einstellung sorgen, zum anderen Ihrer eigenen positiven Einstellung ein solides Fundament verschaffen. Also, wenn das nicht ein Grund ist, intrinsisch motiviert zu sein!

Grundsätzlich können Sie hierbei andere genauso unterstützen wie sich selbst, indem Sie diese beim Erreichen ihres Ziels so gut wie möglich unterstützen. Ganz gleich, ob Ihre Mutter abnehmen möchte, Ihr Partner sich beruflich weiterentwickeln möchte oder Ihr Kind in der Schule eine wichtige Klassenarbeit schreibt:

- Bieten Sie hier Ihre Hilfe an, aber drängen Sie diese nicht auf. Letztendlich muss sich jeder selbst motivieren und danach handeln.
- Unterstützen Sie dabei, Zeitpläne zu erstellen.
- Ermutigen Sie.
- Geben Sie Anreize für richtige Zielsetzungen.

- Informieren Sie über Motivationsstrategien.
- Unterstützen Sie bei der Erarbeitung von Willenskraft und Motivationsfaktoren.
- Loben und belohnen Sie die großen und kleinen Erfolge auf dem Weg zum Erreichen des Ziels.
- Empfehlen bzw. erläutern Sie Techniken zur Motivation und zur Bildung eines positiven Mindsets.
- Seien Sie ein gutes Beispiel und motivieren Sie sich stetig selbst.
- Geben Sie Ratschläge zur richtigen Ernährung.

Stehen Sie insgesamt unterstützend zur Seite, aber - und das ist ganz wichtig - bevormunden Sie nicht. Wahre und ausdauernde Motivation - dieses Wissen haben Sie jetzt - sollte von innen heraus kommen und bedarf der Gefühle von Selbststeuerung und Autonomie. So können Sie in Ihrem Umfeld auch nur Hilfe zur Selbsthilfe leisten. Erwartungen und Forderungen von außen haben hier zudem einen eher gegenteiligen Effekt und sorgen für zusätzliche Blockaden.

Grundsätzlich können Sie dafür Sorge tragen, Ihr Leben und das Ihres Umfeldes möglichst positiv zu gestalten. Achten Sie beim Umgang miteinander auf Wertschätzung und aktive Kommunikation, nehmen Sie sich Zeit, Ihr Gegenüber zu verstehen.

Unternehmen Sie regelmäßig Dinge, um von gemeinsamen positiven Erlebnissen zu profitieren. Kochen Sie, so gut es im Alltag geht, ausgewogen (das muss nicht lange dauern und schwer sein!). Seien Sie geduldig und motivieren Sie sich immerzu gegenseitig. Lenken Sie Ihren Fokus auf die positiven Aspekte in Ihrem Alltag. Menschen, die in einem positiven Umfeld leben, können ihr Mindset viel eher in Richtung Erfolg, Motivation und Optimismus lenken.

Zusammenfassung – Ein Wort zum Schluss

Nun kennen Sie die wichtigsten Aspekte, die Ihnen zu einem positiven Mindset verhelfen. Mehr noch: Sie befinden sich schon in diesem Prozess und sind bereits auf dem Weg in ein erfülltes Leben.

Sie haben erfahren, wie Ihr Mindset mit Ihrer Art zu denken zusammenhängt und kennen die wesentlichen Faktoren, mit denen Sie Ihre Denkweise beeinflussen können. Ihnen ist klar, wie Sie Ihren Fokus bewusst ausrichten müssen, um Ihr Mindset ins Unendliche zu entwickeln. Selbstdisziplin und Motivation sind hier Schlüsselbegriffe, die es zu steigern gilt, wenn das Mindset positiv sein soll.

Durch Ihr hier erlangtes Wissen können Sie sich nun auch erfolgreich Ziele oder kleine Teilziele setzen. So beginnt eine jede Mindset-Transformation: Die Ziele müssen erst einmal festgelegt werden, sie sollten realistisch sein und es muss ein zeitlicher Rahmen bestimmt werden, um diese Ziele zu erreichen.

- **Sich selbst bewusst werden** – dies gehört ebenso unbedingt zu einem positiven Mindset, denn um persönliche Ziele festzulegen, sollten erst einmal die eigenen Bedürfnisse bekannt sein. Ihre Ziele können Sie so erfolgreicher formulieren und umsetzen.

- **Positives Denken und das Gesetz der Anziehung** haben eine ungeheure Macht. Schließlich verhalten sich andere Leute Ihnen gegenüber, wie Sie sich anderen gegenüber verhalten.

- **Sie können sich selbst dahingehend steuern, Optimismus und Glück als feste Größen in Ihrem Leben zu etablieren.** Optimismus fördert dabei nicht nur Ihr positives Mindset, sondern auch Ihre körperliche und geistige Gesundheit.

• **Selbstdisziplin und Motivation entfalten und steigern Sie auf vielfältige Weise:** Die fünf wichtigsten Faktoren auf dem Weg zu mehr Selbstdisziplin sind weniger Ablenkung, Gewohnheiten zu entwickeln, Willenskraft und Motivation zu steigern sowie eine gute Vorbereitung.

• Besonders wichtig für ein positives Mindset ist es, **sich seiner inneren Motive bewusst zu sein und die Willenskraft zu steigern**. Es ist außerdem wichtig, sich selbst wertzuschätzen und regelmäßig beim Erreichen von Zielen oder Teilzielen zu belohnen.

• Die **richtige Ernährung, Sport und ganzheitliche Fitness** fördern selbstverständlich auch ein positives Mindset.

Nun sind Sie bereit, alles, was Sie in Ihrem Leben erreichen möchten, auch zu bekommen!

Bonus

ERSTELLEN EINER LISTE ZUM ÜBERPRÜFEN DES EIGENEN MINDSETS

Diese Erfolgs-Denkweisen sollten Sie für ein erfolgreiches, positives Mindset beachten:

- Ihre Persönlichkeit ist formbar, was immer Sie vorher auch erlebt und gesagt bekommen haben. Jeder Teil der Persönlichkeit ist formbar und auch der schüchternste Mensch kann lernen, auf andere Menschen zuzugehen, wenn er dies möchte. Der faulste Mensch kann lernen, wie er endlich das tut, was er sich vorgenommen hat.

Persönlichkeitsentwicklung hilft Ihnen dabei, aktiver zu werden.

- **Übernehmen Sie Verantwortung für Ihr Leben, Sie bestimmen es schließlich selbst.** Nicht die Umstände, der Chef oder Ihr Umfeld bzw. Partner definiert Sie, sondern Sie selbst treffen für sich Ihre eigenen Entscheidungen. Nicht immer können Sie kontrollieren, was Ihnen passiert, aber immer, wie Sie darauf reagieren. Sie entscheiden, ob Sie von Niederlagen lernen wollen oder Sie z. B. die Wirtschaft als Ausrede für mangelnden Erfolg nehmen wollen. Viele Menschen haben schon Unglaubliches geleistet. Es wird sich jedoch nichts ändern, solange Sie sich nicht verändern. Wenn Sie erst einmal die volle Kontrolle über Ihr Leben haben, dann haben Sie auch die Macht, frei über dieses zu entscheiden.

- **Setzen Sie Ihren Fokus auf die Dinge, die Sie verändern können, und nicht auf die, die nicht verändert werden können.** Politik, Steuern, Ihre Herkunft, gewisse Gesetze, die Wirtschaft, das System oder manche Menschen können Sie nicht ändern. Hier sind gewisse Spielregeln vorgegeben. Ob diese nun gut oder schlecht sind, tut nichts zur Sache, denn sie sind nun mal nicht veränderbar. Viel zu oft wird kostbare Zeit damit verschwendet, sich auf Dinge zu konzentrieren, die sowieso nicht verändert werden können. Dies sorgt nur dafür, dass Sie nicht vorankommen und sich dabei auch noch schlecht fühlen. Fragen Sie sich also lieber, wie Sie die Situation verbessern können und was Sie selbst besser machen können. Sich selbst zu ändern, ist immer leichter, als die Situation zu verändern. Auch ist es leichter, sein Umfeld zu verlassen und sich ein anderes Umfeld zu suchen, als dieses zu ändern. Es ist einfacher, sich einen neuen Job zu suchen, als den Chef, die Kollegen oder das System zu verändern.

• **Streben Sie nach dem Unbequemen.** Diese Dinge bringen uns meist am weitesten. Lernen Sie also, die Dinge zu tun, die Ihnen Angst machen, wie Reden zu halten, fremde Menschen anzusprechen, vor anderen zu singen oder zu tanzen. Dabei können Sie auch an Ihre physischen Grenzen gehen.

• **Ihr Unterbewusstsein entscheidet über Ihren Erfolg.** Stellen Sie sich vor, Sie sind Pilot. Wenn Ihr Autopilot falsch programmiert ist, werden Sie nicht an Ihr gewünschtes Ziel kommen. Eine Weile können Sie dabei vielleicht wieder das Steuer übernehmen. Aber sobald Sie müde werden, lenkt Sie Ihr Autopilot wieder in die andere, entgegengesetzte Richtung. Dies bedeutet übertragen, dass Sie, wenn Sie gerade motiviert sind und ein hohes Maß an Willenskraft haben, fähig sind, Ihr Leben in die gewünschte Richtung zu bewegen. Wenn Sie aber erschöpft oder traurig sind bzw. die Motivation nachlässt, übernimmt Ihr Autopilot, also Ihr Unterbewusstsein, wieder Ihr Leben. Wenn Sie also das erreichen möchten, was Sie sich vornehmen, müssen Sie Ihr Unterbewusstsein auf Ihre Seite bringen. Erkennen Sie Ihre Gedankenmuster und Gewohnheiten! Nur so können Sie diese aktiv beeinflussen und verändern.

• **Verdienen Sie Ihr Geld durch das Erschaffen von Werten.** Viele Menschen haben ein schlechtes Gefühl bei Reichtum. Sie befürchten, anderen zu schaden und ihnen etwas wegzunehmen, denn wenn einer mehr hat, muss der andere ja zwangsläufig weniger haben. Abgesehen von der Grundsicherung wollen Menschen sich mit Geld Waren erkaufen, um sich glücklicher und besser zu fühlen. Der Geldwert hängt also von dem Aufwand ab, den Sie betreiben müssen, um es zu verdienen. Geld zu verdienen ohne Mehrwert bzw. Sinnhaftigkeit der Arbeit, macht langfristig nicht glücklich und ist sogar schädlich.

Eine Tanzschule beispielsweise, für die man bezahlt, vermittelt Werte wie Körpergefühl, Lebensfreude, Freundschaften und Spaß. Es geht hier darum, Geld damit zu verdienen, anderen Menschen Werte zu vermitteln, die deren Leben angenehmer und glücklicher machen. So nehmen Sie niemandem etwas weg. Lernen Sie auch, nein zu sagen, wenn Sie beispielsweise schon genug Arbeit haben und Ihr Kollege oder Ihre Kollegin Sie immer wieder um einen Gefallen bittet.

- **Beginnen Sie schnellstmöglich!** Der Satz „Work smart, not hard" (Arbeiten Sie effektiv, aber nicht hart) sollte ein neuer Leitsatz von Ihnen sein. Wenn Sie immer nur auf der Suche nach der perfekten Strategie sind, kommen Sie nie zum Handeln und bleiben in Ihrem Hamsterrad gefangen. Legen Sie einfach mal los, wenn Sie Ihr Ziel festgelegt haben. Klar, Sie machen dabei auch viele Fehler, Sie sammeln jedoch auch wertvolle Erfahrungen und wissen es beim nächsten Mal besser. Sie können den Prozess analysieren und dadurch beim nächsten Mal viel besser vorankommen. Wo Sie anfangen, ist egal, Hauptsache, Sie starten überhaupt.

- **Sie können alles lernen, ganz gleich, was Sie möchten.** Ganz gleich, ob Sie gesünder und fitter sein möchten, ob Sie mehr Einkommen erzielen möchten, Ihren Freundeskreis vergrößern wollen oder den Partner Ihres Lebens finden wollen: Alles können Sie lernen. Viele Webseiten oder Kanäle bieten Ihnen dazu wertvolle Tipps.

- **Es geht nicht darum, perfekt zu sein, sondern darum, sich stetig zu verbessern.** Wenn Menschen abnehmen wollen, gönnen sie sich z. B. oft gar nichts mehr bzw. gehen viele Stunden auf einmal ins Fitnessstudio. Dies führt dazu, dass viele Menschen schnell wieder aufgeben und nie Ergebnisse erzielen. Versuchen Sie es mal in Teilschritten, Step by Step.

Viele kleine und vor allem leichte Verbesserungen führen zu enormen Ergebnissen. Häufige kleine, aber negative Entscheidungen, können zu großem Übergewicht oder einem Schuldenberg führen und Sie fragen sich, wo dies denn alles herkommt. Genauso werden aber auch häufige kleine, positive, unauffällige Gewohnheiten Ihr ganzes Leben auf den Kopf stellen und Schritt für Schritt verändern. Wenn Sie am Tag z. B. nur 5 Minuten lesen, die Treppe statt des Liftes nehmen oder sich einmal fünf Minuten am Tag mit Ihrem Mindset beschäftigen, so kann Sie dies langsam, aber sicher ans Ziel bringen. Es kommt hier auf die Summe an.

- **Ihre Gewohnheiten sind der Schlüssel zum Erfolg.** Auf viele Ziele haben Sie wenig Einfluss. Sie können beispielsweise nicht erzwingen, dass andere Leute Ihre Produkte kaufen. Sie können sich auch nicht einfach Ihren Traumkörper aussuchen und plötzlich ganz anders aussehen. Und es ist auch schwer zu beeinflussen, was andere Menschen über Sie denken oder was diese für Sie empfinden. Sie können nur die Verhaltensweisen beeinflussen, die zu dem gewünschten Ziel führen.

Überlegen Sie sich, welche Gewohnheiten Sie sich aneignen müssen und wie Sie diese verbessern können. Gewohnheiten helfen Ihnen also, Verhaltensweisen zu automatisieren und weiterzuentwickeln. Sind Verhaltensweisen erst einmal zur Gewohnheit geworden, fallen Sie uns viel leichter. Machen Sie sich bewusst, welche Gewohnheiten Sie für Ihr Ziel brauchen und bauen Sie diese in Ihre tägliche Routine ein.

EINFACHE TIPPS FÜR EIN ERFOLGREICHES MINDSET

Ein positives Mindset entwickelt sich nicht von heute auf morgen, dennoch gibt es viele Dinge, die uns dabei helfen, dieses zu entwickeln.

- Entwickeln Sie Sätze, die den Glauben an sich selbst stärken, beispielsweise:
  - ✓ „Wenn ich frustriert bin, halte ich durch."
  - ✓ „Indem ich scheitere, lerne ich daraus."
  - ✓ „Ich kann alles erlernen, was ich möchte."
  - ✓ „Mein Einsatz und meine Einstellung bestimmen alles."
  - ✓ „Für Erfolg strenge ich mich gern an."
- Tun Sie alles mit Leidenschaft. Schon Apple-Gründer Steve Jobs fand heraus, dass mit Leidenschaft Hürden viel leichter genommen werden.
- Finden Sie Ihre Vision und bleiben Sie – auch bei vermeintlichen Niederlagen – immer am Ball. Halten Sie Ihre Visionen genau schriftlich und mit Zeitplan fest.
- Setzen Sie sich eigene Ziele. Sie kennen Ihre Bedürfnisse schließlich am besten, nicht andere. Dies steigert auch Ihre Motivation.
- Visualisieren Sie Ihre Ziele. Worte und Bilder machen Ziele greifbar, sie bleiben nun nicht mehr nur „Hirngespinste", sondern nehmen eine konkrete Gestalt an.
- Schütteln Sie Angst und Unsicherheit ab. Angst, Sprunghaftigkeit und Unsicherheit halten Sie oft davon ab, Ihre Ziele auch wirklich zu erreichen. Lassen Sie sich auch von Rückschlägen nicht von Ihren Vorhaben abhalten.
- Suchen Sie sich Gleichgesinnte, denn zusammen lässt sich vieles – wie beispielsweise Selbstbewusstsein – besser erlernen.
- Sehen Sie Mühe und Anstrengungen als Chancen. Gewohnheiten sind oft gemütlich, man möchte nicht aus der eigenen Komfortzone heraus und befürchtet, neue Situationen seien zu anstrengend und zu mühsam. Überwinden Sie den inneren Schweinehund und machen Sie aus neuen Dingen

selbst eine Routine im Alltag.

• Zeigen Sie vollen Einsatz. Die besten Noten und der beste Lebenslauf nützen beispielsweise beim Bewerbungsgespräch nichts, wenn Sie nicht richtig vorbereitet und nicht ganz bei der Sache sind.

• Geben Sie Gas und starten Sie durch. Warten Sie nicht auf „bessere Zeiten". Selbst wenn Sie verlieren, können Sie dabei nur dazulernen.

• Betrachten Sie Niederlagen als eine Chance auf einen Neuanfang und als Möglichkeit, etwas dazuzulernen, was Sie in Zukunft beispielsweise anders machen würden.

• Widmen Sie sich ganz einer Sache, einem Ziel. Konzentrieren Sie sich ganz auf Ihr Vorhaben und lassen Sie sich nicht durch Dinge wie Handy, Internet etc. bei Ihrer Arbeit ablenken.

• Lassen Sie sich nicht von der Meinung anderer Menschen beeinflussen: Wenn dies Ihr Ziel oder Ihr Vorhaben ist und Sie dies wirklich erreichen wollen, dann schaffen Sie es auch - vorausgesetzt, das Ziel ist realistisch.

Kleines Workbook zum Mindset

Diese Übungen sollen Ihnen helfen, Ihr Mindset positiv auszurichten. Sie richten sich nach dem Text dieses Buches.

1) TESTEN SIE IHREN MOTIVATIONSGRAD!

Motivation ist sehr wichtig für ein positives Mindset.

Geben Sie in diesem Test Noten zwischen 1 und 5.

1 = trifft absolut nicht zu

2 = trifft nicht zu

3 = neutral

4 = trifft zu

5 = trifft absolut zu

Ihre Motivation bei der Arbeit

- Ich bin mit meinem Arbeitsumfeld zufrieden. Wenn ich mir Ziele setze, kann ich diese weitestgehend selbstständig verfolgen und kann frei entscheiden, wie viel ich arbeite und welche Arbeiten zuerst erledigt werden.

- Ich habe zu meinem Chef ein gutes Arbeitsverhältnis. Er gestattet mir, dass ich die Arbeit weitestgehend selbstständig gestalte. Normalerweise erledige ich Arbeiten auch zur allgemeinen Zufriedenheit.

- Die Bezahlung und das Arbeitsumfeld sind in Ordnung. Vorschläge zur Verbesserung werden angenommen.

- Meine Arbeitskollegen unterstützen mich und blockieren mich nicht. Mit Problemen können wir gut umgehen.
- Meine Arbeit gibt mir Energie. Ich kann mich mit meiner Arbeit identifizieren und habe Freude an Fortbildung.
- Meine Arbeit wird honoriert.
- Meine Arbeit ist gut zu erkennen und ich bin stolz darauf.
- Man kann sich auf mich in allen Situationen verlassen, Aufgaben erledige ich gewissenhaft und zuverlässig.
- Ich wachse an meiner Arbeit, bin aber nicht überfordert.
- Ich kann bei der Arbeit sein, wer ich bin, und kann kreativ arbeiten.

- Ihre private Motivation
- Ich fühle mich bei meiner Familie und Freunden geborgen und anerkannt: Auf sie kann ich mich immer verlassen und ich fühle mich integriert.
- Ich fühle mich in meiner derzeitigen Situation wohl und habe die Menschen, die ich mag, um mich.
- Ich habe das richtige Hobby für mich gefunden, das mir Freude macht.
- Ich erlerne gern neue Dinge und bin in meiner Freizeit sehr aktiv.
- Soziale Anerkennung ist mir sehr wichtig.
- Ich mag meinen Lebensmittelpunkt, meine Wohnsituation gefällt mir und ich komme mit meiner finanziellen Situation klar.
- Ich habe genug Freizeitausgleich, mit meiner Work-Life-Balance bin ich zufrieden.
- Meine Partnerschaft erfüllt mich.

- Ich vermisse nichts in meinem Leben, ich kann mich immer in Notlagen auf jemanden verlassen.
- Ich fühle mich in meinem Körper so wohl, wie er ist.

Je mehr Sie „trifft absolut nicht zu" auswählen, desto mehr sollten Sie sich überlegen, wie die Situation verändert werden kann.

Machen Sie z. B: dazu eine Tabelle:

Ist-Situation	Was möchte ich ändern?	Wie kann ich dies erreichen?
Ich fühle mich bei der Arbeit nicht anerkannt und ich bekomme kaum Lob bzw. Wertschätzung für meine Arbeit.	Ich möchte, dass meine Arbeit wahrgenommen wird und ich auch dafür belohnt werde.	Um ein Gespräch bitten Gezielt Aufgaben oder Vorträge annehmen (wenn ich es mir zutraue).

Sie können auch für alle anderen Bereiche Fragen formulieren und dann schauen, wie sehr dies auf Sie zutrifft. So können Sie Ihre wahren Motivatoren leichter erkennen.

2) FORMULIEREN SIE ZIELE!

Für ein positives Mindset ist es unbedingt wichtig, Ziele genau zu formulieren.

Dies wollen wir hier in dieser Übung lernen.

Zielart	Beschreibung des Ziels	Ist-Zustand	To-do-Liste
Berufliches Ziel	Ich möchte Abteilungsleiter werden.	Ich leite seit 2 Jahren ein kleines Team von 3 Mitarbeitern. Die Stelle des Abteilungsleiters wird in absehbarer Zeit frei.	Ich schaue mich nach dem (intern oder extern) ausgeschriebenen Stellenangebot um bzw. ich höre mich um, wann genau die Position frei wird, was genau verlangt wird und ob schon jemand dafür vorgesehen ist. Auch schaue ich auf die Deadline, bis wann die Stelle ausgeschrieben ist bzw. besetzt werden soll. Ich erkundige mich nach den Voraussetzungen für die Stelle und belege, wenn nötig, Fortbildungskurse. Ich schreibe eine Bewerbung für den Posten und bereite mich gut auf ein Gespräch vor. Ich mache mir bewusst, welche Erfolge ich bereits in der Firma erzielt habe und welche

			pers. Eigenschaften für diese Position nützlich sind.
Privates Ziel	Ich möchte einen liebevollen Partner finden.		Ich bin anderen Menschen gegenüber offener und achte auf Signale, wenn mich Menschen anlächeln und sympathisch finden. Ich achte mehr auf mich selbst und vernachlässige mich nicht. Ich arbeite an meinem positiven Mindset, um auch attraktiver auf andere zu wirken und selbstbewusster zu sein.

Werden Sie beim Erreichen Ihrer Ziele smart!

Versuchen Sie, für diese Ziele einen Plan aufzustellen:

a. Sie möchten fitter beim Joggen werden und als Mutter mindestens einmal in der Woche 5 km joggen gehen. Ihre Zeit ist aber sehr knapp. Wie erreichen Sie dieses Ziel am besten?

(Eine Lösung wäre hier z. B., erst einmal das Ziel aufzuschreiben: „Ich möchte in den nächsten 8 Wochen mindestens einmal in der Woche joggen gehen, um meine Fitness zu verbessern." Sie könnten sich dann mit anderen Müttern zusammentun, wobei Sie sich aufteilen, sodass immer einer bei den

Kindern ist und die anderen joggen gehen können. Beim gemeinsamen gesunden Essen danach tauschen Sie sich mit den anderen aus, um die persönlichen Fortschritte zu kontrollieren.)

b. Sie sind Besitzer eines Geschäftes und möchten Ihren Jahresumsatz um 30.000 Euro steigern. Entwickeln Sie dazu einen 5-Punkte-Plan.

(Die Lösung könnte so aussehen: Sie haben als Erstes definiert, dass Sie Ihren Umsatz um 30.000 Euro steigern wollen. Schauen Sie nun auf den Ist-Zustand: Sie haben beispielsweise einen Umsatz von 250.000 Euro bei x Kunden. Ihr Ziel ist also ein Jahresumsatz von 280.000 Euro. Bilden Sie nun von dem geplanten Mehrumsatz die Mitte und addieren Sie dies zum Ist-Umsatz. Hier wären es 265.000 Euro. Sie haben nun noch mehr Kunden gewonnen. Notieren Sie nun die Hälfte zwischen 265.000 Euro und dem angestrebten Umsatz von 280.000 Euro. Dies wären 272.500 Euro. Überlegen Sie nun, wie Sie noch mehr Kunden gewinnen könnten, z. B. durch Angebote, Rabattaktionen, gezielte Werbung etc.)

c. Sie möchten in den nächsten Wochen 5 Kilogramm abnehmen.

d. Sie möchten sich beruflich verändern und eine Führungsaufgabe übernehmen.

Diese Übung können Sie noch mit vielen anderen Zielen durchführen!

3) NUTZEN SIE IHRE STÄRKEN ZUM ERREICHEN IHRER ZIELE!

Wer selbstbewusst ist, der kennt auch seine Stärken. In dieser Übung können Sie lernen, Ihre Stärken gezielt dazu einzusetzen, diese auch zu erreichen.

Meine Stärken	Meine Ziele	Wie nutze ich meine Stärken zum Erreichen dieser Ziele?
Ich kann gut verhandeln.	Ich möchte mein Gehalt um 5 % steigern.	Ich nutze meine Stärke bei einem gut vorbereiteten Termin mit meinem Chef.
Ich bin körperlich sehr fit und belastbar	Ich möchte einen Marathon laufen.	Da ich körperlich fit und belastbar bin, spricht nichts dagegen, regelmäßig zu trainieren.
Ich bin handwerklich geschickt.	Ich möchte mir ein schönes und gemütliches Eigenheim schaffen.	Mein handwerkliches Geschick erlaubt es mir, einige Arbeiten selbst zu verrichten. Dadurch verringert sich mein Budget.
Ich arbeite in der Regel sehr genau und effizient. …	Ich möchte einen Job im Beschaffungszentrum annehmen. …	Durch meine genaue und sorgfältige Arbeitsweise fällt es mir leicht, auf Falschmeldungen aufmerksam zu werden und diese zu erkennen. …

Denken Sie hier ruhig einmal länger über Ihre persönlichen Stärken nach und wie Sie diese einsetzen können. Jeder Mensch hat Stärken, nutzen Sie daher Ihre Ressourcen für ein positives Mindset!

4) BEURTEILUNG DER UMGEBUNG

Nutzen Sie diese Übung, um herauszufinden, wie Ihre Arbeitsumgebung Sie beeinflusst!

Faktoren	Was habe ich um mich?	Bewertung von 1 bis 10 1 = sehr schlecht 10 = sehr gut
Beleuchtung	z. B.: Eine Wohnzimmerlampe, die ich bei Bedarf dimmen kann. Ein Fenster an westlicher Seite, wo ich immer die Sonne aufgehen sehe. Eine zusätzliche Schreibtischlampe.	8
Geräusche (mögen Sie Hintergrundgeräusche oder bevorzugen Sie absolute Ruhe?)	z. B.: Nur selten fahren mal Autos vorbei oder gehen Spaziergänger vorbei. Das gefällt mir, denn ich bevorzuge Ruhe.	
Platz und Blick	z. B.: Mein Schreibtisch steht nahe am Fenster, sodass ich immer dort gut sehe. Ich blicke auf Felder, was mir gefällt.	8

Sitzgelegenheit	z. B.: Ich habe einen ergonomischen Schreibtischstuhl und einen Schreibtisch, der leider nicht höhenverstellbar ist.	6
Arbeitsmittel	z. B.: Ich habe von meinem Arbeitgeber alles zur Verfügung gestellt bekommen, PC, Telefon, zusätzlicher Bildschirm und Drucker. So kann ich gut von zu Hause arbeiten.	6
Frische Luft	z. B.: Ich lüfte regelmäßig, daher bekomme ich immer unverbrauchte Landluft.	
Temperatur	z. B.: Manchmal ist es mir zu kalt, gerade im Winter und im Bad, wo Steinplatten auf dem Boden verlegt sind.	7
Arbeitsplatz (Ist dieser ordentlich? Sind Möbel ergonomisch?)	z. B.: Mein Arbeitsplatz könnte ordentlicher sein, aber ich finde alle Dinge, die ich benötige, leicht. Mein Bürostuhl ist ergonomisch, der Schreibtisch jedoch nicht höhenverstellbar.	9

...	Insgesamt gefällt mir mein Arbeitsplatz aber. Die dort aufgestellten Blumen verleihen dem Ganzen noch eine natürliche Note. ...	6 7 ...

Überlegen Sie nun, wie Sie die Bereiche verbessern können, in denen Sie wenig Punkte verteilt haben.

Bei einem niedrigen Wert für Beleuchtung macht es vielleicht Sinn, den Schreibtisch anders zu platzieren. Bei wenig frischer Luft sollten Sie beispielsweise besser lüften. Gefällt Ihnen Ihr Arbeitsplatz nicht, können Sie ihn vielleicht mit einem Foto, einem Bild oder mit Blumen aufwerten etc.

5) ERSTELLEN SIE EINE AFFIRMATIONSLISTE!

Für das Erstellen von (täglichen) Affirmationen gibt es einige Regeln, die Sie beachten sollten:

Formulieren Sie die Affirmationen unbedingt positiv! Vermeiden Sie die Worte „würde", „könnte", „hätte" und „sollte", denn so gehen Sie keine Verpflichtung mit sich ein!

Vermeiden Sie auch „wollen". Sie wollen Dinge nicht verändern, Sie werden sie ändern! Formulieren Sie die Affirmationen in der Gegenwart und nicht in der Zukunft oder in der Vergangenheit. Halten Sie die Sätze kurz und einprägsam. Verwenden Sie keine Verneinungen. Seien Sie so konkret wie möglich und sagen Sie nicht einfach „Ich bin glücklich, zufrieden, erfüllt und reich". Fokussieren Sie sich auf einen Wunsch. Denken Sie sich die Affirmation möglichst selbst aus, das prägt sich am besten ein.

Formulieren Sie die Affirmation so, dass Sie in Ihrem Einflussbereich liegt, also in der Ich-Form. Wenn Sie z. B. sagen „Meine Arbeitskollegen schätzen mich jeden Tag mehr und loben mich.", dann liegt das ja nicht in Ihrem Einflussbereich. Sagen Sie lieber „Ich komme jeden Tag besser mit meinen Arbeitskollegen zurecht."

Schreiben Sie nun Ihren Zettel mit den persönlichen Affirmationen!

Ich nehme in den nächsten 6 Wochen 5 kg ab!

Ich gehe jede Woche zweimal für je eine Stunde ins Fitnessstudio!

Im nächsten Jahr verdiene ich 5 % mehr!

...

6) SCHREIBEN SIE EINE DANKBARKEITSLISTE!

Lernen Sie, für Dinge, die Sie schon erreicht haben, dankbar zu sein! Hierzu schreiben Sie jeden Tag 3 Dinge auf, für die Sie dankbar sind bzw. die Ihnen heute besonders gelungen sind. Begründen Sie dies auch! Überlegen Sie, wie Sie diese Ressourcen zum Erreichen Ihrer Ziele nutzen können.

Die Liste könnte folgendermaßen aussehen:

Ich bin dankbar für ...	Grund der Dankbarkeit	Nutzen für mein Ziel
meine Fähigkeit, gut und schnell rechnen zu können und mit Geld gut umgehen zu können.	Da ich meine Finanzen recht gut im Blick habe, habe ich immer genug für mein tägliches Leben und ich kann mir dann auch einmal etwas Besonderes leisten.	Bei meinem Ziel, eine schöne Wohnung oder ein schönes Haus zu kaufen, habe ich meine Finanzen immer gut im Blick und komme nicht so schnell in finanzielle Schwierigkeiten.
meine körperliche Fitness und meine Dehnbarkeit ...	Da ich gern Sport betreibe, fällt es mir leicht, bestimmte sportliche Ziele zu erreichen und ich habe dadurch auch Freude an der Bewegung ...	Bei meinem Ziel, an einem Marathon teilzunehmen, hilft mir meine körperliche Fitness, denn so kann ich meinen Körper besser einschätzen, meine Kräfte geschickter einteilen und natürlich auch mit weniger „Druck“ mein Ziel verfolgen. Außerdem motiviert es mich, wenn ich sportliche Erfolge sehe. ...

7) ERKENNEN SIE IHRE PERSÖNLICHEN MOTIVATOREN!

Nehmen Sie sich für diese Übung ein Blatt Papier und teilen Sie es in vier gleich große Teile. In einen Teil zeichnen Sie einen Smiley, in einen ein Eurozeichen, in einen vier Personen (zwei große und zwei kleine) und in den vierten Teil zeichnen Sie ein Herz.

Das Euro-Zeichen steht für Geld-Verdienen.

Das Herz steht für Leidenschaft in Ihrem Leben.

Die vier Personen stehen für Ihre Familie und eine ausgewogene Work-Life-Balance.

Der Smiley steht für eine positive Lebenseinstellung oder allgemein für ein Glücks-/ Erfolgserlebnis, dass das Erreichen des Zieles bei Ihnen auslöst.

Schreiben Sie nun Ihre Ziele auf und versuchen Sie, diese auf dem Blatt mit den vier gleich großen Teilen einzuordnen.

So erkennen Sie Ihre Motivatoren. Nehmen wir z. B. die Suche nach einem neuen Job. Was motiviert Sie dabei am meisten? Die Tatsache, dass Sie mehr Geld verdienen, oder ist es eher der Fakt, dass Sie dadurch mehr Zeit für die Familie haben? (Vielleicht, weil der Job näher an Ihrem Wohnort ist oder Sie mehr von zu Hause arbeiten können.) Wenn Sie sich in Ihrem neuen Job mehr Selbstverwirklichung erhoffen und Sie Ihre Kreativität richtig ausleben wollen, dann hat das Herz mehr Gewicht. Für den Fall, dass Sie sich einfach einmal selbst bestätigen bzw. beweisen wollen, dann hat der Smiley mehr Gewicht.

Machen Sie dies für jedes Ihrer Ziele. Sie sehen dann auch gleich, wie Sie sich am meisten dazu ermuntern können, dieses Ziel letztlich dann auch zu erreichen.

8) WIE SEHR SIND SIE UNTER DRUCK?

Druck hält uns auch oft davon ab, ein positives Mindset zu entwickeln.

Bewerten Sie in dieser Übung diese Faktoren auf einer Skala von 1 bis 10.

1 bedeutet sehr wenig Druck, 10 sehr viel Druck. Je höher der Wert ist, desto mehr sollten Sie dann an sich selbst arbeiten und versuchen, diese Stressoren zu mindern.

Warnzeichen	Bewertung auf einer Skala von 1–10 1 = trifft voll und ganz zu, maximaler Stress 10 = trifft überhaupt nicht zu, minimaler Stress.
Ich mache Fehler. Ich bin reizbar und unausgeglichen. Ich falle anderen ins Wort. Ich kann mich schlecht konzentrieren. Ich habe kein Selbstvertrauen. Ich bin müde und habe keine Energie. Ich schlafe schlecht. Ich bin ängstlich und weine oft im Stillen. Ich schaffe es kaum, Verabredungen einzuhalten oder mich zu erholen.	

Sind Sie beispielsweise oft schlaflos und der Wert ist dort hoch, könnte z. B. eine ruhigere Schlafumgebung helfen oder der Verzicht auf TV, Alkohol und Telefon vor dem Schlafengehen. Wenn Sie oft müde sind und keine Energie haben, könnten Sie überlegen, was Ihre Motivation steigern könnte. Stellen Sie fest, dass Sie zu viele Termine haben, könnte ein besseres Zeitmanagement hilfreich sein usw.

Quellen

- Erfolgreich sein – 12 Tipps für ein Gewinner-Mindset (greator.com)
- Das unendliche Mindset Flamur Berisha
- Was ist ein Mindset? Tipps für ein erfolgreiches Mindset (business-netzwerk.ch)
- 10 Erfolgs-Denkweisen die Dein Leben verändern werden – YouTube
- Dein MINDSET ändern durch POSITIVES DENKEN [Tipps für PERSÖNLICHKEITSENTWICKLUNG] – YouTube
- So besiegst du negative Gedanken (Positiv denken lernen) – YouTube
- Motivation steigern: 10 Tipps | MEN'S HEALTH (menshealth.de)
- Mit dem richtigen Mindset gelingt ALLES. Tatsächlich? > Sven Rohde

Wir danken Ihnen für Ihr Interesse und Ihr Vertrauen. Als Dankeschön dafür, haben wir eine besondere Überraschung. Wir haben **Die ultimative 30-Tage-Challenge für ein besseres Mindset** für Sie. Und diese erhalten Sie vollkommen kostenlos. Das klingt wunderbar? Dann warten Sie nicht lange und holen Sie sich Ihr Gratis-Geschenk.

Hier geht es zu Ihrem Gratis-Geschenk:

https://forms.gle/Tucgsw18XmyVqzmf6

1. **Öffnen Sie die Kamera-App auf Ihrem Smartphone und richten Sie die Kamera auf den QR-Code.**
2. **Klicken Sie auf den Link, der Ihnen angezeigt wird und schon werden Sie zur Website weitergeleitet.**

Impressum

Herausgeber: Pegoa Global Media GmbH / Am Sandtorkai 27 / 20457 Hamburg
Kontakt: kontakt@pegoamedia.de
Coverbild: Shutterstock

Haftungsausschluss:
Die Nutzung dieses Buches und die Umsetzung der enthaltenen Informationen, Anleitungen und Strategien erfolgt auf eigenes Risiko. Der Autor kann für etwaige Schäden jeglicher Art aus keinem Rechtsgrund eine Haftung übernehmen. Haftungsansprüche gegen den Autor für Schäden materieller oder ideeller Art, die durch die Nutzung oder Nichtnutzung der Informationen bzw. durch die Nutzung fehlerhafter und/oder unvollständiger Informationen verursacht wurden, sind grundsätzlich ausgeschlossen. Rechts- und Schadenersatzansprüche sind daher ausgeschlossen. Dieses Werk wurde sorgfältig erarbeitet und niedergeschrieben. Der Autor übernimmt jedoch keinerlei Gewähr für die Aktualität, Vollständigkeit und Qualität der Informationen. Druckfehler und Falschinformationen können nicht vollständig ausgeschlossen werden. Es kann keine juristische Verantwortung sowie Haftung in irgendeiner Form für fehlerhafte Angaben vom Autor übernommen werden. Die bereitgestellten Analysen, Vorschläge, Ideen, Meinungen, Kommentare und Texte sind ausschließlich zur Information bestimmt und können ein individuelles Beratungsgespräch nicht ersetzen. Alle Informationen dieses Buches entsprechen dem Kenntnisstand zum Zeitpunkt des Verfassens dieses Buches. Eine Haftung für mittelbare und unmittelbare Folgen aus den Informationen dieses Buches ist somit ausgeschlossen.
Informieren Sie sich weitläufig aus unterschiedlichen Quellen und bedenken Sie, dass am Ende nur Sie für die Entscheidungen verantwortlich sind.

Haftung für externe Links:
Unser Angebot enthält Links zu externen Websites Dritter, auf deren Inhalte wir keinen Einfluss haben. Deshalb können wir für diese fremden Inhalte auch keine Gewähr übernehmen. Für die Inhalte der verlinkten Seiten ist stets der jeweilige Anbieter oder Betreiber der Seiten verantwortlich. Die verlinkten Seiten wurden zum Zeitpunkt der Verlinkung auf mögliche Rechtsverstöße überprüft. Rechtswidrige Inhalte waren zum Zeit-punkt der Verlinkung nicht erkennbar.